洋葱阅读法

彭小六 著

U0913418

北京联合出版公司
Beijing United Publishing Co.,Ltd.

推荐序

我见过很多通过阅读改变人生的人，我的好朋友彭小六就是其中之一。

两年前，他在十八线小城镇埋头苦干，但始终默默无闻。尽管他数年如一日地“朝五晚九”，但收入却很微薄，经济上依然紧巴巴的。

在两年的时间里，小六凭着对阅读的热爱，实现了从一个程序员到青年畅销书作家的跨界和转变。一开始，他坚持每周读一本书，在国内最大的文字分享平台——“简书”上不断写书评，把个人的阅读书目做输出分享，最后成为大家公认的“简书一哥”，他写出数篇爆款文章，一跃成为热门的畅销书作家，连续出版了《让未来现在就来》和《颠覆平庸》。现在，他的《洋葱阅读法》已经呈现在大家面前，一路走来，小六凭借的是对阅读事业的热忱。

为了让更多人爱上阅读、帮助更多人阅读，他创办了“梦想早读会”，从旁人看起来最吃力的阅读方式——早读做起，每天早上5点开始，全年无休地为一千多位梦想者拆读好书。他相信，只要不断努力，就可以实现人生的更多可能性。作为中国知识型IP的先行者、斜杠青年纷纷效仿的对象，彭小六的“秘密武器”简单却凌厉：阅读。他梦想成为阅读世界中海贼王那样的男人，让自己和更多人从阅读的困难中解脱，从书本的“奴隶”变成阅读的“海盗”。

这是小六的初心，也是他在不断践行阅读和坚持不懈的行动力量。如今，作为青年畅销书作家，他仍然坚持阅读，笔耕不辍，不仅成为国内首批快速阅读（Photo Reading）预备导师，还研发了国民阅读基础课——洋葱阅读法。小六以自己的阅读经历为案例进行分析，总结出了最全面的阅读方法论。他通过阅读开阔了自己的眼界、提高了思想的维度，把知识化为己用，经过不断实践，拓宽了人生的可能性。

在这个充满不确定性的时代，会阅读的人才会具备快速学习的能力和良好的思维以及应变能力。洋葱阅读法作为阅读的基础课，不只是教会人们阅读方法，更不只是教你知识管理、打造个人品牌，还能帮助你构建可以终身受用的阅读管理体系。

在这本书里，大家会通过游戏化场景，体验到阅读的乐趣。小六会教你碎片化阅读、快速阅读、主题阅读、建立个人的“知识图书馆”等让你能学以致用的阅读方法，并且会教你如何使用工具，使阅读变得好玩儿又高效，最终通过阅读实现多渠道变现和打造个人品牌。

而在“行动派”社群里，同样聚集着一群热爱阅读的青年，他们通过阅读汲取行动的力量，不断挖掘自身的潜能，开启不一样的人生。

同时，我也希望这本书能够为更多的青年朋友提供行之有效的基础阅读方法，让更多人通过阅读丰富内心和精神，实现人生的更多可能性！

“行动派”创始人

琦琦

目　录

前言

我的阅读故事 / 9

洋葱岛的故事 / 13

“洋葱阅读法”学习指南 / 21

第一章　鹈哥：训练你的海盗大脑

学习和阅读的重要性 / 26

鹈哥的七个建议 / 35

洋葱岛第一关攻略回顾 / 57

第二章　章鱼哥：碎片阅读

场景导入：碎片时代的阅读 / 62

什么是碎片阅读 / 66

碎片阅读的工具 / 77

构建你的知识体系 / 81

碎片阅读的方法 / 86

你的碎片阅读时间 / 93

洋葱岛第二关攻略回顾 / 96

CONTENTS

第三章　剑士：快速阅读

场景导入：快速阅读的诀窍 / 100

快速阅读的步骤 / 103

洋葱岛第三关攻略回顾 / 128

第四章　导航员：卡片笔记法

场景导入：阅读笔记的相关概念 / 131

为什么要讲如何做读书笔记 / 133

如何制作读书笔记 / 136

洋葱岛第四关攻略回顾 / 154

第五章　机械师：主题阅读

场景导入：主题阅读的方式 / 158

碎弹：碎片化主题阅读 / 160

爆破弹：书籍式主题阅读 / 162

核弹：长时间研究一个领域 / 178

洋葱岛第五关攻略回顾 / 182

第六章　掘金匠人：深度阅读

场景导入：什么是深度阅读 / 185

为什么要深度阅读 / 187

哪些内容值得深度阅读 / 189

深度阅读的三个步骤 / 192

深度阅读的前提 / 205

谁在进行深度阅读 / 212

深度阅读的误区 / 213

洋葱岛第六关攻略回顾 / 215

第七章　黄金海盗团：阅读与变现

场景导入：为什么要用阅读来变现 / 218

如何把一本书变成一节课 / 220

阅读高手的进阶之路 / 229

阅读之后的个人品牌战略 / 237

洋葱岛第七关攻略回顾 / 243

洋葱岛让我与阅读“重遇” / 248

前言

我的阅读故事

我提升阅读能力的过程可分成三个阶段：

第一个阶段：快速阅读学习期。

在这个阶段，我跟你一样对阅读有很多执念：

· 是不是要增加阅读量？

· 是不是要把阅读的速度提高？

然后我进行了大量的快速阅读，训练阅读速度的同时积累阅读数量。

第二个阶段：体系化。

当我的阅读数量上去之后，可以说是有收获也没有收获。有收获的地方在于，阅读量的增加让我打开了视野，也让我知道，原来工作以外的领域还有那么多好玩儿、有趣的东西；没有收获的地方在于，我突然发现读了那么多的书，真正能够记下来、让我印象深刻并参与实践和行动的并不多。

所以，在第二个阶段，我开始尝试体系化地阅读。例如，当我对手绘产生兴趣时，我会通过淘宝、京东、孔夫子二手书等网站购买很多关于手绘的书，然后我试着对手绘这项技能进行系统地学习。

第三个阶段：融合。

现在对我来说，阅读已经变成了日常生活中的一部分。我不会觉得它艰难，反而觉得它是我的一个好朋友。当我想要了解什么、学习什么的时候，我自然而然地就会想到通过阅读图书来获得帮助。

过去的五年里，我的阅读能力是一个不断升级的状态：先发现一个东西有趣的地方，比如手绘、时间管理、认知心理学等；然后基于“有趣味”再往上提高一下，看看通过阅读能找到什么有料的点。比如，你想知道这个东西是怎么做出来的，想知道这里边究竟有什么门道……通过阅读这种方式使自己变成有料的人。一旦你变成了一个有料的人，就会水到渠成地发现：我是不是可以再有勇气一点儿？我是不是可以在下班后去做一些新的尝试？当你变成一个有料的人之后，你就可以试着把你的“料”分享给别人，去帮助更多的人。这个时候，你的个人品牌就已经成功地塑造出来了。

什么叫作个人品牌？个人品牌就是你影响了更多人、帮助了更多人。

我们面对的阅读问题都一样

经常会有人问我："小六，你现在可以一次很快速地读10本书，可我却做不到，我是一个普通人，你是不是飞得太高太快了？你能不能带带我们呀？"其实就像这张图上表达的一样，大家都站在同一水平线上，你们遇到的问题，我也遇到过。我们面对的阅读问题都一样。

举例来说，我现在在学英语，所以需要看很多英语方面的书籍，至于怎么看，方法有很多，但更多的是你需要付出很多努力，你需要反复地抄写，抄了一遍没记住，你还需要多抄几遍。

在这本书里，我会跟大家分享我读书时会用到的方法——洋葱阅读法。这个方法我每天都在使用，它帮助我去做课程、做分享、写作、出书、演讲……洋葱阅读法就相当于我邀请的一位老师，随时随地做我的后援团。在我遇到任何问题的时候，我都可以用洋葱阅读法，或者找一些好的书籍、好的老师来帮我解决。学会这个方法之后，面对任何类型的书籍，你都能够想到本书中的方法并且很好地运用，把一本你觉得很难读懂的书，变成你的良师益友。

就像一个大厨，面对不同的食材，可以很快决定如何烹调、做成什么菜。

就像一个老司机，无论要去什么地点，或者遇到不同的路况，都可以下意识地知道该怎么办。

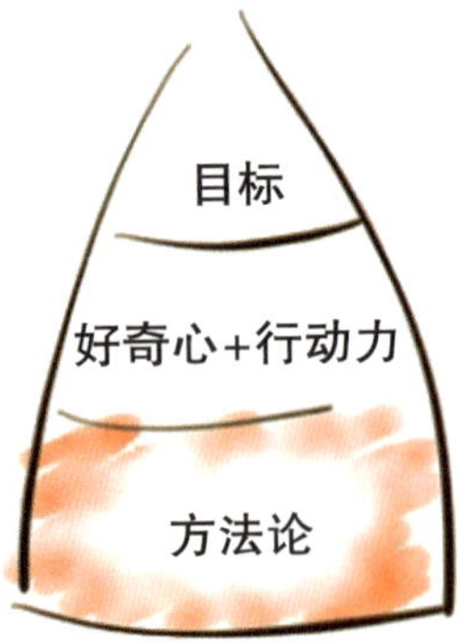

洋葱阅读不可以做到什么

但是我也要提醒你，洋葱阅读法有一些地方是做不到的——

洋葱阅读法代替不了你自己动手。

洋葱阅读的所有方法和工具都是你大脑的磨刀石，会让你的大脑变得“锋利”，但是很抱歉，你不可能拿着磨刀石去切菜。

另外，洋葱阅读需要你有好奇心，也需要你有行动力。

如果你对这个世界一点儿都不好奇，对你的职业、你的生活、你身边的人以及对他们所做的事一点儿都不好奇，即便你知道再多的方法，也很难让你去行动。

如果你找不到真正有趣的事，你的行动就会变得无比艰难，你也就很难变成一个有趣、有料、有种的人。

所以，带上你的好奇心，像小朋友一样，像一个勇敢者一样，开始我们的探险吧——欢迎来到洋葱岛！

洋葱岛的故事

故事发生在洋葱岛，你是洋葱岛上的一个很有志向、对世界充满好奇的年轻人。在这里，你会看到，原来外面的世界是如此精彩：人们每天都能读那么多书，每个人的能力值都非常高，这个世界上还流传着很多传说，那些最厉害的人也可以靠阅读赚钱、打造个人品牌，甚至是去帮助更多的人。

那么，你能不能做到呢？

带着这种欣喜雀跃和小小的不满足感，开启我们阅读的探索之旅吧。

这本书的结构就是指引你找到一些小伙伴，学习一些技能，组建一支海盗团，然后去新的航海世界里探险。

你会遇到哪些人呢？我们来了解一下——

有事找村长

村长

你遇到的第一个人会是村长，村长是最值得我们信赖的伙伴。

当你遇到困难时，当你得到奖励时，你都可以去找村长。几乎所有的事情村长都可以帮你解决，所以村长在我们这本书里是会反复出现的一个人物。他会告诉你，应该怎么做、应该找谁、应该得到什么……

虽然他有一点点唠叨，但他总是能在关键时刻提醒你最容易忘记的事情。

①阅读的大脑

军师 鹉哥

在冒险的第一关，你会遇到你的军师——鹉哥。

鹉哥是一只鹦鹉，据说他曾经是海贼王的军师，经常站在海贼王的肩头为他出谋划策。

我们经常会说“读书记不住”“读书时不专心”“没有阅读习惯”……这些问题都可以在第一章找到答案。

鹉哥会告诉你，阅读的本质就是大脑的应用。我们要学习大脑的运转原理，学习如何锻炼自己的大脑，学习在阅读时怎样保持专注力、怎样提高记忆力……

②碎片阅读

“千手观音”章鱼哥

在冒险的第二关，你会遇到章鱼哥。

章鱼哥人称“千手观音”，他特别擅长收集各种碎片化的信息。比如我们每天能看到的公众号文章、朋友圈里新鲜有趣的信息，还有各种社群里有价值的分享……章鱼哥都会教你用一些方法把它们很好地收集起来，变成对你有价值的信息。

所以章鱼哥会教你如何快速地把各种各样的碎片化信息整合起来。

剑士

③快速阅读

在冒险的第三关，我们会遇到一个脾气很火暴的剑士。

这个剑士出剑很快，能够对知识点进行快、准、狠的“砍杀”，所以他会教我们如何快速阅读一本书，以及如何从一本书里快速精准地找到对我们最有价值的信息。

剑士的脾气很暴躁，所以他没有太多的时间给你，但他会帮你快速从一本书中得到你想要的东西。所以，如果你想获得一天读完一本书、一个小时读完一本书，甚至30分钟读完一本书的秘诀，就需要在这个关卡好好学习他的“剑法”。

导航员

④阅读卡片和笔记

在冒险的第四关，你会遇到一个导航员。

这个导航员知道很多很多东西，曾经海贼王的很多航海数据信息都是他帮忙收集的。

你会跟他学习到如何做阅读卡片和如何写读书笔记。

阅读卡片对我们的学习而言是一个非常重要的概念，但是很多人都不知道怎么做，所以在这个关卡，我们会教大家如何做阅读的知识卡片，如何去积累一个个的案例素材。

注意哦，如果你能积累33张卡片，基本上你就可以写一本书了。当我要写一本新书时，我就是靠知识卡片来帮助自己进行知识整理的。

⑤主题阅读

在冒险的第五关，我们会找到一个非常厉害的机械师，她可以教我们学会如何造一艘属于自己的海盗船。

造船需要怎么做？搭建框架、寻找素材，最终建立一艘属于你并适合你的“海盗船”——主题阅读。

所以我们会在第五个关卡中学习主题阅读，跟机械师学习如何同时阅读10本书，甚至是20本书，如何快速地把一个领域的知识体系建立起来。

当你通过这个关卡之后，你会有两大收获：

· 大幅度提升自己的阅读量，我们总是会听到很多人说一年读了300本书，其实他们大多是依靠主题阅读实现的。

· 建立自己的知识体系，从一个领域的入门到深入学习，你会掌握全套的学习方法。

⑥深度阅读

掘金匠人　阿度

在冒险的第六关，你会遇到掘金匠人，他会教你深度阅读。

掘金匠人最擅长的就是挖矿，从一个看上去好像没什么知识点的内容里，把最深层次的“宝藏”挖出来。

我们通常会遇到很难啃的问题，导致阅读的时候困难重重，这时，掘金匠人就可以出场了，他会帮你把一本书里的重要信息挖得很深、很透彻。

黄金海盗团

⑦阅读和变现

最后一关你会遇到一个“黄金海盗团”，他们能让你知道阅读可以变成一件能赚钱的事情，他们会教你把阅读变现。

通过和他们的接触，我们可以清晰地看到他们是怎样靠阅读“打劫”，靠阅读赚得盆满钵满的。

以上就是这本书的核心内容。这七个关卡其实就是我们阅读的大脑、碎片阅读、快速阅读、阅读卡片和笔记、主题阅读、深度阅读，还有阅读和变现。

当你在读这本书的时候，如果你每次都能够顺利完成作业和小挑战，在最后一关中你就会再次见到村长。那个时候村长会根据你的成绩来判断你是否具备了去新航道探险的能力。

你的团队创建好了吗？

你的这几位老师，你学会他们的技能了吗？

甚至你能把他们变成你的船员吗？

这决定了你有没有资格参加接下来的探险。

大碗

我们的一个猪队友

最后，在阅读这本书之前，我要告诉你的是，你不是一个人在路上。

你可能会问：“什么？难道我读书的时候还要带人？”

是的，你必须要带上一个“猪队友”。这个猪队友有时候会胆怯，觉得“我做不到”；有时候会很贪玩；有时候会拖延，他会经常说“哎呀，我们今天就别读了吧”……

他会给你找各种各样的借口，阻止你的行动和思考！他的人生信条就是——其实不阅读、不学习，也挺好的。

这个猪队友会在这里一直跟着你，怎么办？

你不可能甩开他，所以你必须把他带上。

你要时刻小心他给你设置的各种障碍。

你要时刻提醒他、帮助他，把他从一个猪队友变成一个好队友。

他的名字叫大碗。

好啦，就先说这么多，在后面的旅行中你会慢慢了解他的。

“洋葱阅读法”的学习指南

你已经大致了解了《洋葱阅读法》的内容，那么该如何更高效地阅读这本书呢？

攻略一：沟通交流

作业：每章的最后，都会留下一个和课程相关的作业，在微博#洋葱阅读法#的话题页面下，留下你的作业，并@彭小六，每一天都从点滴的进步开始。

提问：每个人在实践一个新方法的时候，都会有具体的困惑或感受，非常希望你能把最真实的想法和具体的问题都写下来，在微博上和我们互动交流。

互动：真实的产品问题、细致的体验分析、独到的见解，都有机会被挑选出来，在直播和“驻场问答”中做深入解答。

攻略二：分享书本的知识，帮朋友解决问题

看到好的方法、干货或者金句，你可以通过微信或朋友圈分享给更多有需要的朋友，和他们一起踏上神奇的冒险之旅。

攻略三：收集“54个阅读学习法核心概念词”

与这本书配套的，还有“54个阅读学习法核心概念词”。按照概念词之间的关系和重要性，我们把它们设计成了一套“游戏化学习思维扑克牌”。

持续练习并输出30天，你就会有机会收集到一整套产品扑克牌，完成对阅读能力从茫然到掌握的转变。

当我们学会了阅读之后，实际上你已经组建起来一支非常棒的团队，你的海盗团里有会快速阅读的，有会主题阅读的，有会深度阅读的，有会碎片阅读的，这些伙伴能够很好地帮助你学习其他的任何内容。

最后你会发现，你已经从一个人变成了一支团队。

攻略四：作业

嗯，我相信这是有史以来，第一个在前言里布置作业的书。

为了证明你有资格成为一名“阅读的海盗”，你需要通过一个一个小关卡的挑战。只有通过了这个关卡，你才能证明自己有信心进行接下来的关卡挑战。

你准备好了吗？

作业挑战：画一个海盗的头像。

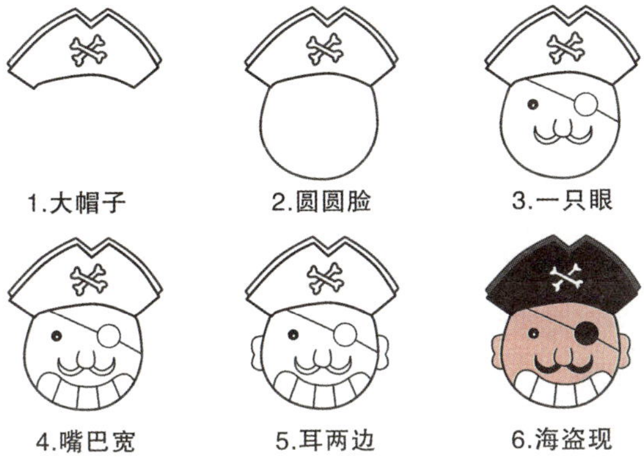

步骤已经在图里了，你可以根据这个步骤试着把这个海盗的头像画出来。

你是不是想说这个太难了？

不要管美丑，其实只要简单的线条和圆圈就可以。

给大家看一下我画的海盗头像。

请记住：不管是谁都不能一下子就画出一个特别标准的海盗头像。

海盗的守则是：完成比完美更重要。所以我们只有开始去尝试，才能越来越好。

所以，无论是绘画还是阅读，其实都是一个道理。行动远远比知识更有价值，这就是洋葱海盗的信条：没有好不好，只有你行不行动。

阅读也是这样，先从每天读书开始。比如，先把这本书读完（先不要说把一本书里的内容全记住，当然这个是很好的目标）。在开始的时候，你可以试着做一些阅读卡片，收集一些名言名句，做一些简单的摘抄或者标注，这些都是很好的开始。

最后，期待你在微博上秀出属于你自己的关卡挑战作业并@彭小六。

让我们知道你是谁，让我们看到你的决心。

我在洋葱岛等着你！

第一章

鹉哥：训练你的海盗大脑

据说，鹉哥拥有海盗世界最聪明的大脑。

在即将踏上征程的时候，我们需要和他好好聊一聊，听听他关于成为一个勇敢而聪明的海盗，究竟会有哪些建议和忠告。如果你准备好了，那我们就出发吧！

学习和阅读的重要性

学习提升心智

日本东京大学的科学家清水博的一本书中曾经谈到个人的成长可以分成两个部分，就像是一个咸鸭蛋，蛋清是我们平时接触的一些技能和方法，很容易改变，也很容易混在一起；而蛋黄就像是我们的内心，坚固异常，很难改变。

每个人都有各自的思考方法和心智模式，无论我们如何学习，本质上我们的心智都是很难改变的。所以在个人成长方面，特别是我们在阅读的时候，不仅要关注技能和方法，更要注重心智模式的学习和提升。

当你不断提升自己的能力时，慢慢地你就会发现自己能够满足更多的期待，包括公司对你的期待、团队对你的期待，以及你对自己的期待。当你的能力逐渐提升，你会发现你未来阅读的机会也越来越多。

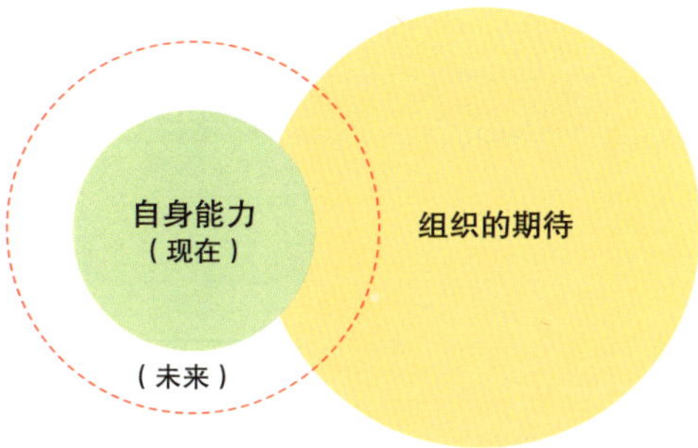

我们需要不断提升技能和方法，才能满足组织的期待

当你读完本书学会并掌握了洋葱阅读法以后，随着阅读的数量逐渐增多，你就会发现其实未知、不了解的东西也越来越多。但是你不会觉得这是很困难的事情，因为你已经具备了学习的勇气。

实际上，《洋葱阅读法》并不只是教大家读一些比较实用、干货类的书。我们身边有很多种知识类型都是需要我们去学习的。比如，我们经常遇到这样的问题：你对安乐死怎么看？如果规定闯红灯要判五年有期徒刑，是不是就不会有人再闯红灯了？这是不是一条有效的法律？究竟要不要买房子……

这些问题虽然看似庞大，但是在实际生活中与我们切身相关。当你试着思考和回答这些问题时，恰恰是你需要提升思考能力的时候。这时你需要看一些哲学类、经济类，甚至政治类的书，对这些话题有了一些看法后，你可能才知道：哦，原来我的价值观是这样，原来我眼中的世界是如此面貌……

所以，我们不能只是关注蛋清的技能和方法，还要关心蛋黄的思考方式和心智模式。也就是说，我们的“蛋清”和“蛋黄”都要提升。

学习的四种途径

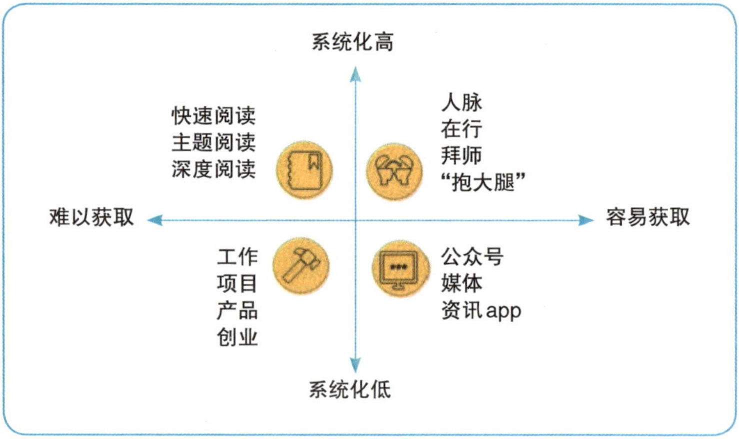

我们怎样去改变心智模式？怎样才能变成一个有智慧、有见解的人？学习是一个非常重要的渠道。平时，我们学习的时候一般会有四种途径：人、网、事、书。

“人”是什么呢？人就是人脉，要学会利用你的人脉。你可以跟身边的一些“大神”学，这是一种很容易的方式；你也可以从熟悉的朋友那里找到一些可以学习的点。

第二个是“网”，就是网络——碎片化知识。比如，一些公众号的文章，一些新闻媒体，还有app（如知乎、得到等），它们的模式通常是每天把一篇一篇的文章进行推送，这就是你接触到的碎片化的知识。

第三个是“事”，就是做事情——边做事边学习。通常我们在工作中很难进行系统地学习。比如，一份工作你已经做了三五年，在这个过程中，如果让你系统地讲一个东西，你通常会很难讲清楚，这是因为我们不断地在埋头做事情，但是并没有形成体系。所以仅仅从做事情的角度去学习，我们很难获得持续的、系统的成长。

最后，“书”就是阅读。阅读的优势很明显，比其他几种方式都更简单、成本更低。而且阅读的系统化程度很高，随便拿起一本书，作者一定会比较系统地告诉你一些东西，这是书本天生就具备的特性，但是有时候我们不免会遇到障碍：“哎呀，读书太痛苦了”“读书太艰难了”“一本书动不动就要十几二十万字，好可怕”，因此很多人都读不完。尽管我们都知道读书很重要，但是很多人都对读书这件事感到恐惧。

阅读的本质

通过阅读我们可以系统性地获取知识，同时也会面临很多问题。很多人对阅读有障碍、有困难，实际上是我们对阅读这件事的理解并不清晰透彻，或者说我们没有看清阅读的本质。你知道它的真正面目是什么吗？

实际上，**阅读就是在可以利用的时间里，以你自己能理解的程度去学习**。

这句话有三个角度：第一个是你自己，你的状态、你阅读的目的、你的时间，还有你的精力，这些都是你最需要关注的；第二个是你要读的对象，可能是纸质书，也可能是电子书，甚至只是一篇文章都没有关系，它们总体而言叫作读物；第三个是你的输出，在阅读的过程中，输出是一个很重要的因素，输出是你把大脑里的记忆发到朋友圈，或者你在读完一本书之后所做的笔记、所写的便利贴。

人、读物、输出，这三个是构成阅读最核心也是最基础的要素。

- 我知道阅读很重要，但是就是不想读
- 没有时间阅读
- 没有合适的阅读环境
- 书本太厚、字太多
- 不知道如何挑选适合自己的书
- 不知道读书的用途
- 读不懂
- 记不住
- 没法集中注意力

这个时候，你的猪队友可能会说："可是我们有很多困难呀！比如，我们没有时间阅读；我们也没有合适的阅读环境，家里很乱、公司很吵；书的字数太多了，密密麻麻的；我不知道要如何挑选适合自己的书；不知道读书到底有什么用；很多书太难懂了，要么读不懂，要么就是读完了也记不住……"

面对这么多问题，我们究竟该怎么读？

我们要通过问题看到最深层次的根源，并从根源上进行解决。仔细想想就会发现，深层次的根源往往都是我们自己。比如，我们没有目的地读书；读书的时候应该用到一些工具但是没有；读书的时候可能会有一些认知，但是我们的观察力、记忆力、理解力都远远不够，或者说注意力不集中、没有兴趣……正是这些原因导致了我们对于阅读越来越逃避。

大脑的结构与阅读

其实，这些问题都不是你的错，都怪你的大脑！

我们来看看我们的大脑是什么？我们的大脑到底是一种什么样的状态呢？

简单来说，在大脑神经科学领域，大脑被分为三个层次：

第一层是原始脑，又称为爬虫脑，是我们在爬行动物的时代发育出来的大脑；

第二层是我们基于爬虫脑慢慢发育成的哺乳动物脑；

第三层是我们人类经过几万年的时间进化出来的新大脑皮层，也称为皮质脑。

科学总是有点枯燥，我们可以把大脑的这三个层次分别想象成乌

龟、老虎、爱因斯坦。

乌龟是爬行动物，乌龟的个性是什么？它很稳定、不爱动。

老虎是哺乳动物，它有什么特性？遇到威胁会吼叫、会反击，也会龇牙。

第三层脑是我们的新大脑皮层，负责我们的理性决策。

了解这些对我们有哪些帮助呢？

比如，你当下所阅读的书并不是自己特别喜欢的，想想看，乌龟和老虎会有什么样的反应？

当你要读一本你从来没有了解过的书时，老虎会说：小乌龟，你让我读这本书，你有什么目的？你要干什么？你想考核我吗？它会很容易紧张，并且反击。所以你会发现当我们在学习的时候，如果乌龟和老虎——爬虫脑和哺乳动物脑都感到很不安，基本上你是很难学进去的。

回想一下我们平时阅读的状态，如果你对一本书完全不感兴趣，或者说你觉得这本书用不上而强行去读，就会很痛苦。即使你掌握了一些速读的方法，也可能只是把书翻一翻，但是过后好像什么都没记住。这是因为你的爬虫脑和哺乳动物脑已经帮你把大部分的信息过滤掉了，因为它们觉得没有用，所以并不会把信息传递到你的皮质脑——新大脑皮层。这个跟你没有关系，是你大脑天生的机制决定的。

所以，如果想真正地开始读一本书，一定要明白自己的阅读动机并发现兴趣点，也就是说，你读这本书的目的是什么？如果你没有动机，也不感兴趣，就强迫自己去读，是根本读不进去的。

你为什么要读这本书？可能是为了应付考试、工作需要，或者是朋友推荐的，再或者你单纯地希望在某些领域获得更多的知识和学问，学会如何更好地和他人相处……这其中有正面的因素，也有负面的因素；有些是你自己主动去学的，也有些来自别人一定程度上的强迫，但是不管怎样，你的阅读都是有目的的。但更高的层次是你要对阅读感兴趣。

理解了这个，我们再来看一下我们前面提到的阅读困难。下面这张图，你可以用连线的方式看看，这些问题都是谁在控制。

- ★ 我知道阅读很重要，但是就是不想读
- ★ 没有时间阅读
- ★ 没有合适的阅读环境
- ★ 书本太厚、字太多
- ★ 不知道如何挑选适合自己的书
- ★ 不知道读书的用途
- ★ 读不懂
- ★ 记不住
- ★ 没法集中注意力

连连看

阅读的兴趣

你是阅读**不愉悦**？（减法）
还是阅读**没兴趣**？（加法）

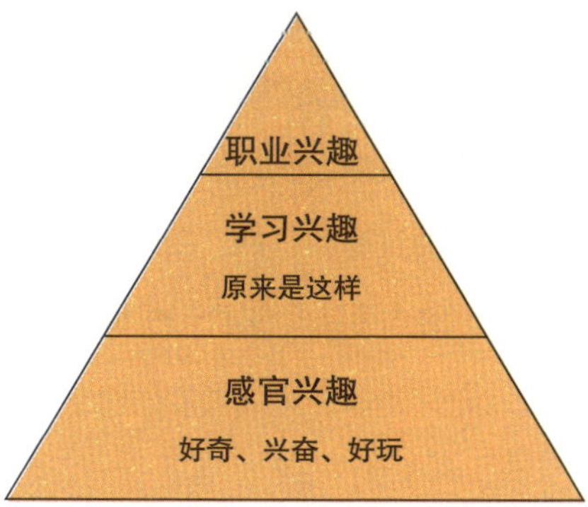

这里有一个概念叫作兴趣金字塔。兴趣金字塔的最底层是感官兴趣，也就是你觉得这个东西是否有趣。往上一层是学习兴趣，什么叫作学习兴趣？就是你发现这个东西后想研究一下，想知道它是为什么，它的原理是什么……再往上，就是职业兴趣。

比如，你喜欢看韩剧，如果你仅仅停留在男主角很帅、女主角很漂亮上，这就是感官的兴趣。如果你因为喜欢，然后想研究一下各个电视台的剧种差别和类型，甚至你开始写一些分析类的文章（比如你分析的是不同的演员培养机制，或者影视制作的流程和技术），这个时候你就上升到了学习兴趣。你了解了一些相关的内幕、男女主角的新闻和这部剧的影评以后，这时你可能会变成一个专业人士（比如成为一个专业的娱乐记者），这就是最上层的职业兴趣。

所以，兴趣是一层一层加深的，你对一件事感兴趣，一开始都是感官兴趣。很多人之所以对阅读没有非常强烈的兴趣，可能是因为我们从小到大经历了太多“背诵全文”，以至于我们对文字有种莫名的害怕。所以我们不妨做一些加法，尝试在读书时加入一些有趣的东西，比如你可以找这本书的音频来听，或者找一些带有插画和图片的版本等，通过这些方式把原来让你觉得很枯燥的东西变得有意思。

当你有了兴趣之后，你就可以慢慢感受兴趣从感官一层逐渐提升到职业一层的过程。当然，我并不是说要把所有的兴趣都变成职业，而是至少你的人生从此多了一种可能。

鹉哥的七个建议

1. 了解大脑的偏好

当我们准备好去阅读、闯关的时候，首先需要了解我们大脑的偏好。

（1）简洁化

我们知道了爬虫脑、哺乳动物脑、皮质脑各自的特征及三者之间的关系，会发现大脑喜欢简洁的，而讨厌复杂的。对大脑而言，密密麻麻全是文字的书会有那么一点儿讨厌。

回想一下我们之前读过的书，即使是《古文观止》《红楼梦》这样经典而文辞优美的作品，我们依然会在阅读的过程中感到疲累，因为它的文字实在是太多了。但是如果有一个图解版，或者连环画版，我想会受到很多人喜欢，这正是因为大脑偏爱简洁。

当你读完一本书，密密麻麻地记了很多笔记，你的大脑会本能地产生抗拒："哎呀，这么多字，咱们还是别复习了，咱们去玩儿吧！"如果我们在笔记中用很清晰、很简洁的示意图来记录这本书的核心观点，那么我们的大脑就会特别喜欢这种手绘的笔记，因为它一下子就能看到重点。

在阅读的时候如果你能配上一些简洁的图，会远远比一大段文字说明更有说服力。

（2）结构性强

大脑的第二个偏好是，喜欢结构性强的东西。也就是说，结构越清晰的，大脑就越容易记住。

如果我们平时收集到的或者看到的都是一堆碎片化信息，我们很难记住，但如果是成体系的、结构化的东西，往往就很容易记住。

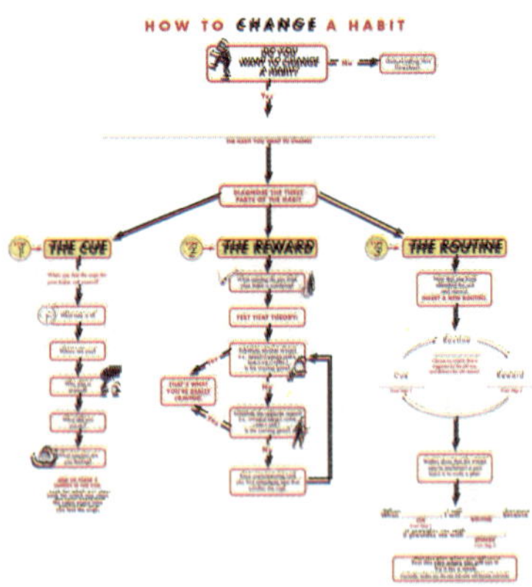

这里举一个例子，有一本书叫作《习惯的力量》。当我们在读这

本书的时候，长篇累牍的内容很难记住，但如果给你提供一个结构图（上页图右图所示），就会发现这本书只讲了三个要点，每个要点下又包括3～5个小点，这样一划分，整本书的结构就一目了然了。所以，我们是更愿意看20多万字的书，还是更期待看这种结构化的内容？

思维导图的逻辑也是一样，为什么我们要去画思维导图或学习思维导图？因为思维导图就是一种非常清晰的、结构化的表现方式。当我们看完一本书之后，能够把这本书的核心观点和结构呈现出来。为什么很多人喜欢看思维导图？为什么他们在思考的时候喜欢用思维导图来表达？实际上就是因为大脑天生喜欢结构化的内容。

（3）图像化

大脑还有一个偏好，就是喜欢图像化的东西，也就是说，大脑喜欢看图。

大脑为什么喜欢看图？因为在文字和语言还没有出现之前，图画已经存在于人类的历史中，原始人用图像的方式在岩壁上做记录，或是记载部落的丰功伟绩。图像是人类大脑中天然的、基因里自带的东西。

所以无论是PPT的内容，还是其他的，我们的大脑都特别喜欢看图。例如，我们在读文章的时候，尤其是字数很多的文章，很多作者会在其中插图，为什么这样做？因为作者知道读者的大脑喜欢图像，完整地看一堆密密麻麻的文字实际上是很累的，所以需要看一会儿休息一会儿，用图文结合的方式将内容呈现给读者。

国外的很多书籍，对于图形、图像的应用非常好，呈现出来的效果也非常好，读者一眼就能看清楚整本书所讲述的内容。

我们举一个例子，有一段话是这样的："你可以把MVP理解成用最快、最简明的方式建立一个可用的产品原型，这个原型要表达出你的产品最终想要的效果，然后通过迭代来完善细节。"

当看到这段文字的时候，你是不是感觉晕了？

这句话想表达的是什么意思？这么多概念，这么多理论，我们完全搞不清楚这句话在说什么！但是如果看了下图，我们就可以很简单地了解这句话所讲的内容。所谓的MVP（Minimum Viable Product）——最小化可行性产品，就是先找一块能漂浮在水面上的木板；再基于这块木板，把它改造成一艘小船；然后基于小船再进一步改造成大船，这条船的改造过程就是迭代。用一张图就能把刚才那段专业的文字很清晰地呈现出来。

由于大脑偏爱图像化的信息，现在有很多手绘老师、手绘达人在进行图形的绘制，把复杂的概念变成图像化的内容。

你可以将MVP理解成用最快、最简明的方式建立一个可用的产品原型，这个原型要表达出你的产品最终想要的效果，然后通过迭代来完善细节。

（4）奖励自己

大脑最后的一个特点就是有奖励自己的偏好。大脑总是觉得自己很辛苦很累，因此喜欢得到奖励。好比动物园里那些动物表演，只要小动物完成一个动作，饲养员就会奖励动物东西吃。其实我们的大脑也像个小动物，所以当我们完成一个很艰难的任务时，要适当地奖励自己的大脑。

有些读者会说，看完一本书之后该怎么奖励自己？我好像没有奖励过自己啊。那么从现在开始，每完成一个小目标，就奖励自己一次。

丹尼尔·平克在《驱动力》这本书中提醒我们，胡萝卜加大棒这样的外部激励措施已不是激励我们自己和其他人的最好方法。

"奖励"不是指肤浅的外在奖励，比如奖金，比如奖励自己大吃一顿。我们要寻找的是一些深层次的内在奖励。

例如，你读完一本书之后，觉得特别有收获，这时候你可以把读书心得发到朋友圈介绍给大家，这本书讲了哪些重要的内容，可以给它打几分，需要阅读多少时间……这样就会得到一群人的赞：哇，这个人太厉害了，他每天都在读书，每天都在晒自己的阅读心得……点赞是外在奖励，得到认可却是一种深层次的、隐形的内在奖励。

鹉哥第一个建议：要时刻关注你的大脑。不能让大脑感到害怕和紧张，而是要让大脑觉得是在做某件有意思的事，让大脑觉得非常好玩，增强执行的意愿，并给予大脑奖励的暗示。

2. 控制好你的精力

第二个建议是要控制好自己的精力。

我想很多人都听说过一个词——时间管理。实际上，时间管理的本质就是精力管理。对于每个人来说，时间的概念都是一样的，隐藏在时间背后的就是精力。在生活中，我们每个人都有自己的角色，我们是别人的男朋友或女朋友、是父母、是儿子或女儿，可能还是一个猫奴……

在不同的情景中，我们有不同的角色。这些不同角色决定了我们每天要花相应的精力来应对。而精力就像一块蓄电池的电量，都是有限的。我们每天早上起来，这块蓄电池是充满电的状态。在一天中，电量会因为各种事情不断地被消耗。如果我们在晚上下班以后再去读书，就会发现很难进入阅读状态。

确定你的角色和情景

- ★ 你是蜂鸟体质，还是夜莺体质，抑或是蜜蜂体质？
- ★ 你平时有哪些角色？
- ★ 你的时间主要用在哪里？
- ★ 你的阅读时间在什么时候？
- ★ 早起 1 小时可能吗？

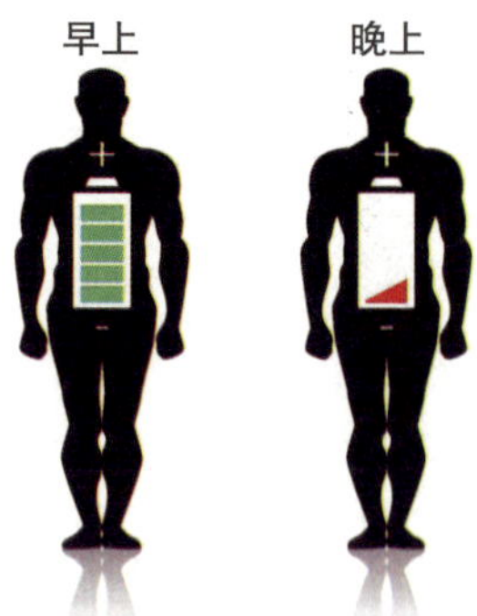

那么我们的精力主要用在了哪里？在阅读这件事上，应该是每天早上、中午还是晚上阅读？我们会发现因为身体和大脑休息了一个晚上，在第二天早上的精力可能很充沛，是满格的状态。本来我们的大脑就很调皮，我们累了一整天，到了晚上再去阅读的时候，大脑就不太愿意继续工作了。正是因为精力不足，才导致很多人认为阅读是一件非常痛苦的事情。那么大家有没有想过利用早上的时间来阅读？假如每天早起1个小时，哪怕早起5分钟或15分钟？

说到精力，就要了解我们每天都是一种什么样的状态。我们的精力在每天早上的时候是什么样，中午的时候是什么样，到了晚上又是什么样？要知道压力和生产力的曲线，每个人都不一样。有的人可能早上精力充沛，有的人则是晚上，所以我们必须找到一个特别舒服的阅读状态——在精力充沛的时间段阅读，才能够达到好的效果。

无论早上阅读还是晚上阅读，本质上其实差别不大，有的人天生就是早睡早起型的作息状态，有的人天生就是晚睡晚起型，这都没有关系，关键是能不能找到我们精力最充沛的时间段进行阅读。

这是鹈哥的第二个建议，要在精力充沛的时候去阅读，不要在筋疲力尽的状态下阅读，后者的效果会非常差。

3. 利用好你的注意力

第三个建议是，要利用好你的注意力。当我们看完一本十几万字、几百页的书后，把书合上，我们注意到了什么？我们还能画出思维导图吗？也许可以，但这个时候肯定没有图书的目录那么清晰明了，大脑可能只记住了几个要点，或者几句重要的话，这也就是我们为什么强调重视注意力。

请看上图。在这张图上找到字母“T”，你能不能在3秒钟之内做到？

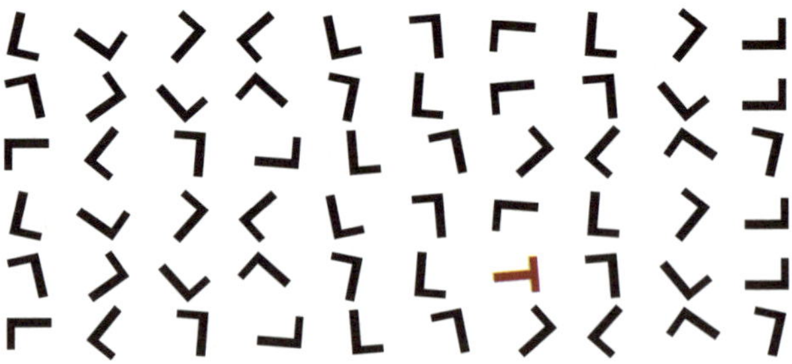

如果是从上图找一个字母“T”，我们一眼就能看到，因为这个

“T”被标为了红色，特别显眼。如果是这样，那两个任务之间有什么差别，或者说，二者产生差距的原因是什么？

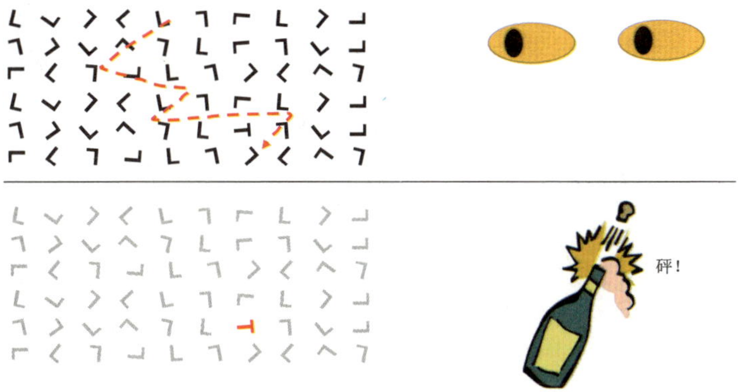

当我们看上半张图时，眼睛在一堆好像都差不多的内容里来回搜寻（如虚线所示）。但是在下半张图中，我们对“T”字母标了红色，注意力就像被拔出来的瓶塞一样，“砰”地打开了，瞬间就能关注到这个点。

心理学上有一个很有名的原理叫作**鸡尾酒会效应**。当我们参与某个酒会，或者在酒吧里时，大家都闹哄哄地各自聊天，背景音乐也很嘈杂，这时候我们很难听清楚别人在说什么。但如果有人突然喊我们的名字，我们一下子就能反应过来。为什么那么多人说话都听不见，而别人一叫我们的名字，就能一下子引起我们的注意？因为大脑对自己关心的事情会特别在意。

所以在阅读的时候，我会让大家做一些标记，标记的是一些关键词，或者一些重要的内容。我们通过简单的标记，眼睛一下子就能看到这些重要的内容。当我们第二遍或第三遍再去看这本书时，就能一下找到内容的关键点。这就是我特别喜欢用荧光笔在书上做标记的原因。

在仔细阅读一本书之前
在目录和序言里
确定有哪些关键词需要关注

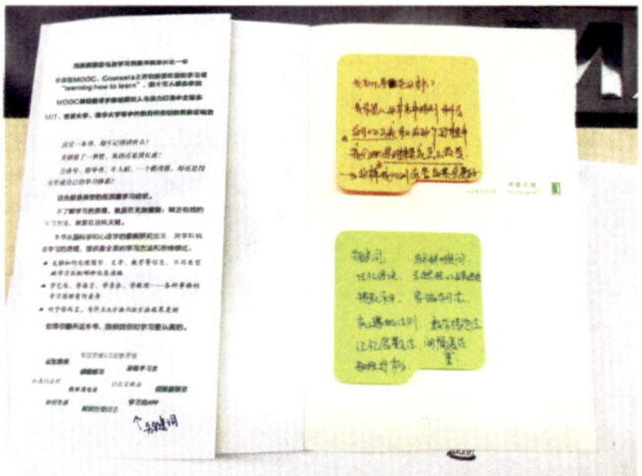

我们在读书的时候，会注意一些关键词。一旦大脑对某些关键词有了印象，比如读者朋友们在读这本书时，想了解我是如何解读时间管理的，你们的大脑就会带着“时间管理”这个词在书中进行搜索。某本书里有四五个部分或几十篇的文章，但是跟时间管理相关的只有几篇内容，由于大脑对“时间管理”这个概念的关注度特别强，所以我们很容易找到那些跟时间管理相关的部分。

关于考试类型的书也是这样。当我们看完考试大纲之后，把重点的、可能考到的、需要去强化记忆的地方标注出来，这相当于我们考试前老师所画的重点内容。

鹉哥的第三个建议是利用好你的注意力。要带着你的问题和目的去读书，这样一来你就能从一本书中很快地找到需要的内容。有些读者朋友可能会说：“我在阅读的时候感觉到处都是重点怎么办？”如果到处都是重点，也就意味着这本书没有重点。

4. 提升你的专注力

第四个建议是提升你的专注力。关于专注力这件事，很多人会说“读书的时候很难投入太多的精力，非常容易走神儿”。为什么会走神儿？因为在读书的过程中我们的大脑注意到了太多的事情，想了太多的东西，什么都想兼顾，最后就会发现什么都顾不到。

所以在特定的时间段里，只专注于做一件事情是特别重要的。如果你要同时做很多事情，就会产生纠结感。一旦你开始纠结，你的大脑——理性脑和感性脑就会把事情越发复杂化，进而“放弃治疗”。这时大脑皮层会失去控制，大脑只在乎这件事情好不好玩儿。所以这样的情况会经常出现：我们有一堆事要做，但是大脑在短暂的崩溃后会选择打一局游戏，或者去看一集电视剧或综艺节目，这样事情就完全无法推进下去。这时，我们就要借助一些工具——

当我们有某件事情必须去做但又无法专心的时候，可以使用一个叫作“潮汐”的软件，这个软件实际上是一个番茄钟。

我在开始做阅读练习时，就尝试着使用番茄钟。番茄钟会规定在25分钟的时间里不允许干别的，必须专注地看书。番茄钟是专门推动我们做那些很重要，但又很难开始的事情的有效工具。

还有一些练习可以帮助我们锻炼自己的专注力。比如，冥想、跑步等。

在冥想的时候，我们什么都不用去关注，只关注自己的一呼一吸即可。尽管你思绪万千，但是一旦你意识到自己在乱想，你就把注意力再拉回到关注呼吸上来。像这样每天五分钟的简单练习，可以让你慢慢锻炼出专注力。

另一个是跑步，我的马拉松教练洋星告诉我，跑步的时候，也是一种冥想，因为你没法玩手机，没法说话，你只能和自己对话。所以你处于一种独处的空间里，你会开始关注自己的身体，留意到自己的身体部分的状态。

我们老是听到的一个词叫作“禅”——知道自己现在在做什么，阅读也可以说是一种禅的练习。

鹉哥的第四个建议是提升你的专注力。在特定的时间里，只用心专注于一件事情，并努力做到极致。

5. 锻炼你的记忆力

相信很多人都会有这样的问题：读完一本书之后记不住。我们在读书的时候，是不是经常会发现忘记了很多东西？不要害怕，我的记性也经常不好。既然大家都有“记性不好使”这个毛病，那我们就来看看它到底是怎么发生的。

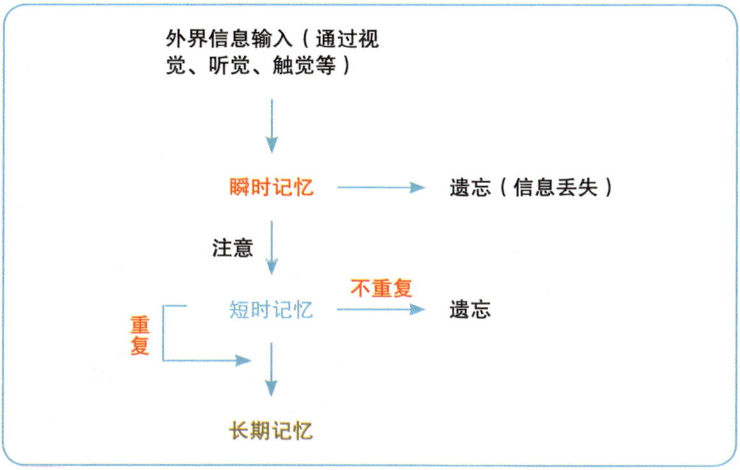

看书也好，做其他事情也罢，我们的日常生活里发生这么多事，眼睛看到那么多内容，能记住的却非常少。这实际上是跟我们的记忆原理相关，转瞬即逝的内容或者眼睛一瞥看到的东西，都是一些瞬间记忆。由于大脑觉得那些信息不重要，大部分都不会被存储处理。真正能够引起我们注意的信息，都会进入短时记忆里。

但是这些短时记忆的存储空间都很小，就像一块小黑板一样，写了一部分东西之后，如果想再往上面写东西，就必须擦掉前边的东西才可以。比如，记一个电话号码，我们只能记住几个数字，很难记住完整的，这就是短时记忆的状态。

所以如果看完一本书之后就去娱乐或者消遣，刚刚阅读的内容很可能全部变成短时记忆。那么如何把重要的内容从短时记忆直接存在大脑“硬盘”里呢？很简单，只需要一遍遍地重复就可以。

很多学生都问我：“我马上要考试了，读了很多东西，怎么才能记住这些重要内容？”其实没有什么特别高效的办法，只有反复地测试、练习、记忆。当我们知道了记忆原理之后，就会发现阅读也是一样。

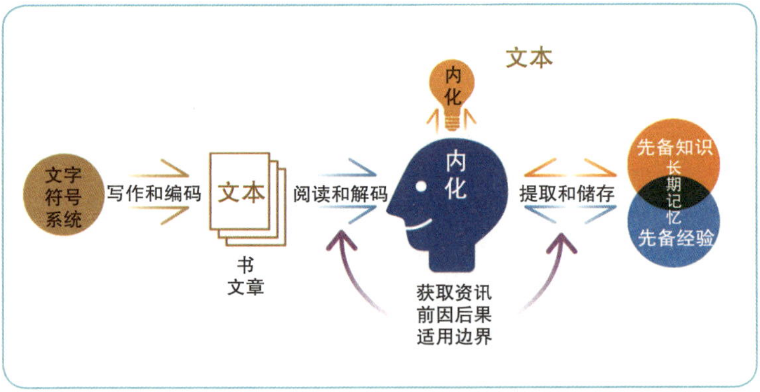

我们通过书上的文字、符号，得到了一些重要信息，这些信息就变成了短时记忆，暂时存放在我们的大脑里。我们需要反复地提取和存储，才能把这些短时记忆变成长期记忆。也就是说，只有通过分享、写卡片、写笔记、再读一遍等反复处理信息的方式，才能把这些内容变成长期记忆。

我在阅读的时候会提炼重点，之后会加入一些个人的观点，然后再去重构一遍内容。这个过程结束后，你就会发现你对这些内容处理了三遍，而这三遍处理的过程就是对知识的重复，因此这些内容在我们的头脑中就深深地扎根了。

好书要读 3 遍以上

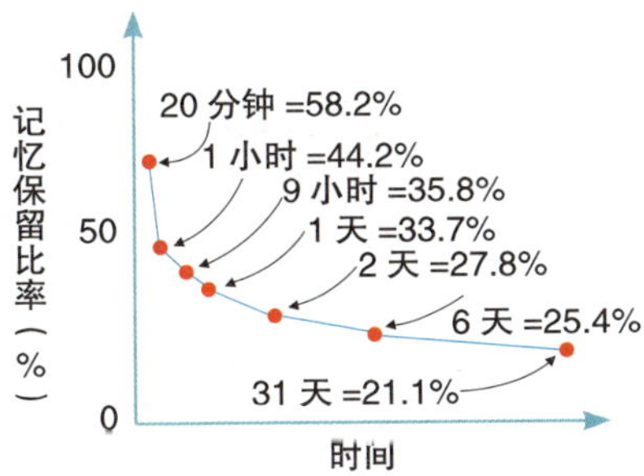

艾宾浩斯遗忘曲线

知道了这个处理过程，我们就会了解到一个读书的法则：好书必须反复读，尤其是那些我们特别喜欢、对我们特别重要、内容又特别好的书。**好书值得读 3 遍以上**，我经常会去读一些经典书籍，第一遍读完之后可能很多概念都不懂，读第二遍的时候懂了一些，到第三遍的时候又记住了更多的东西，然后再去写文章、做分享，进一步熟悉和记忆之前学习到的概念。

有一句名言是说“一位教师真正学会一个知识的时候，是他在教学生的时候”，这句话值得我们认真品味。分享是最佳的学习方式之一，因为当我们去教别人之前，我们需要准备知识，把原来的知识再

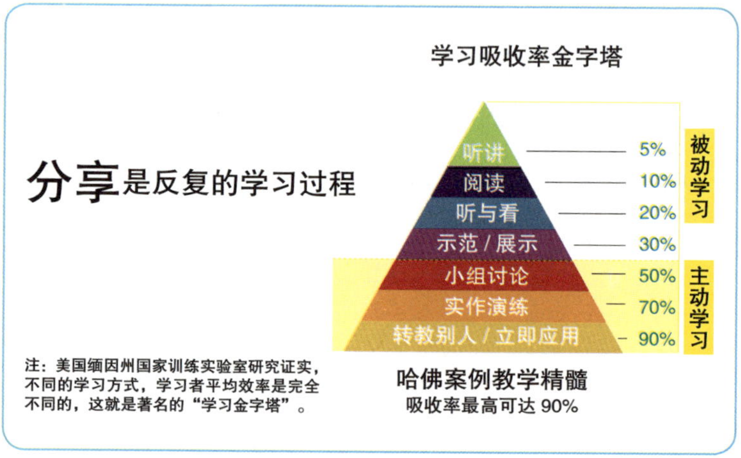

多巩固几遍，为了防止遗漏，某些重要内容会反复确认。这个准备的过程，促使我们反复地去提炼知识点，厘清自己的结构。实际上对一个知识点的记忆，相当于复习了七八遍，这七八遍已经足够我们把一个知识记在自己脑子里了。

有的读者会说，读书速度太慢，一遍都啃不完，更别说再读几遍了。尤其是一些很难读懂的书，第一遍读的时候真的会很慢，但是读第二遍的时候，就会发现速度明显加快了，而当我们读第三遍的时候，阅读速度又会有所提升。

鹁哥的第五个建议就是，想要记住某些重要内容的时候，反复熟悉就好。这种反复熟悉最好的方式有可能是分享，这种反复的分享、反复的测试都是对知识的熟悉过程。

6. 面对你的压力

第六个建议是面对你的压力。很多人读书的时候都会感受到压力，要么就是觉得某本书干货太多，要么就是觉得当下要学的东西太多了；或者是自己需要读的书太多，有太多的书读不懂，同时也担心读不完。

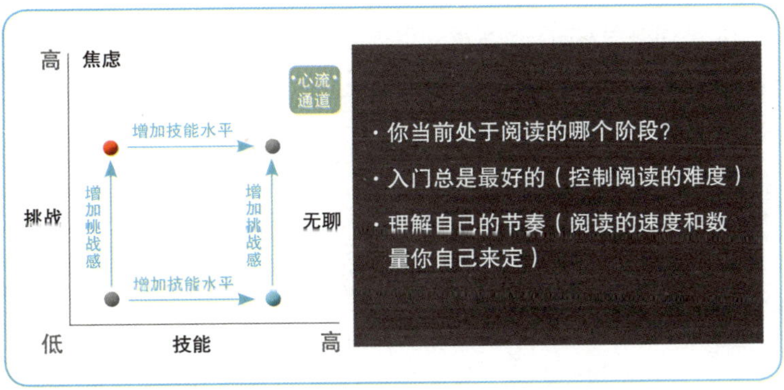

有压力就会感到焦虑，我们之所以这样，是因为我们当下的技能无法满足我们所面对的问题，而这些问题永远多于我们想学的东西。总之，我们问题太多而学得太少，我们的能力还不够，但挑战已经在敲门了，这时我们自然就会感到有压力。

如何处理这种压力？我们先来了解一个概念：心流。心理学家米哈里·契克森米哈赖定义心流为一种将个体注意力完全投注在某种活动上的感觉。一旦进入心流的状态，我们就会很容易沉浸其中，不觉得疲倦。这些事情有些难度和压力，但是我应付得来。

阅读有三种状态，第一种是焦虑状态，感觉有压力，想快点读完，或者读不懂；第二种是无聊状态，感觉读这本书好无聊、好枯燥，想尽快结束；第三种是心流状态，是在读某本书的时候，我们会忘记时间的流逝，到底是花了25分钟还是一个小时会完全忽略掉，我们处于这种心流的状态，可以流畅地与作者对谈。无论我们处于哪种状态——焦虑状态、无聊状态、心流状态，我们的目标都是进入心流状态去阅读，并保持下去，这是我们最终的追求。

那么如果面对的压力太大，但技能又不够怎么办？可以试着把难度降低，从一些入门级的书开始。如果觉得入门级的书很无聊，就可以加大一些难度。了解自身的节奏，把控自身的能力，体会自身的状态，这是非常重要的一个过程。

如何才能让我们的能力和要应对的挑战刚好匹配？如果我们读《西方哲学史》就会感觉到很大的压力，但如果我们选择先读《苏菲的世界》，很容易就能看懂。假如觉得《苏菲的世界》很难阅读，怎么办？可以找一本图解版的来阅读，这就是前边说的“降低难度”。

当难度降低了以后，我们进入心流状态会变得容易。如果感觉读书很无聊，就试着增加一些趣味性的东西也能够让我们快速进入心流状态。这里再强调一遍，虽然有些难，但是能够达到心流状态的人，能够很轻松地应对挑战。

所以提升阅读能力的过程实际上是这样的：最开始进入一个新领域，可以试着先从一些入门级的书着手。比如，我最近在研究系统思维，这听起来就很难，我会先寻找一些相关的入门级书。我找到了古

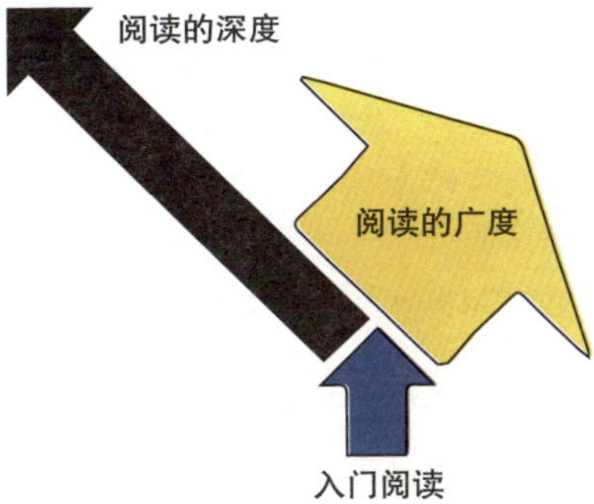

典老师的《跃迁》，里面用一个章节来讲系统思维。读完之后我还是觉得太难了，于是我找了另外一本书《第五项修炼》，这本书把“系统思维”的概念用五个故事来讲，把一个很难的概念变成了一个个的故事。所以这本书就是我入门学习的书。

入门之后，会面临两个选择：一个是更广泛的阅读，也就是把所有跟系统思维相关的书都读一遍；另一个选择是寻找某一个领域，增加阅读的深度。

从另一方面来看，入门之后我们也就多了很多机会。

鹉哥的第六个建议是，当你面对压力时，要从简单的内容入手，再一点一点地加大难度，就可以慢慢进入心流状态。一旦进入心流状态，就不会觉得阅读是一件枯燥、无聊和有压力的事情了。

7. 养成阅读习惯

最后一个建议是养成阅读的习惯。

什么是习惯？每天早晚刷牙、按时吃饭、晚上泡脚……这些都是习惯，一旦养成某个习惯之后，到了某个固定的时间点，我们一定会做习惯的事情，这个过程我们不会去思考为什么要做。

每天我都会用2.5个小时读书。早上6：30有直播，在直播前和直播后我都会读30分钟；午休前我会读30分钟；下午我会去咖啡馆用30分钟读书；晚上睡觉前我会再读30分钟。我每天用很多时间阅读，可能因为我目前正在研究阅读，所以会读得多一点，但是我并没有觉得很累，到了某个时间点我会自然而然地拿起一本书来读，这就是我的阅读习惯。

每天5分钟阅读，一年可以读多少本书？

1秒读10个字；
60秒（1分钟）读600个字；
300秒（5分钟）读3000个字；
一本书平均7万字，每天5分钟大概需要23天读完，
1年大概可以读16本。

有的读者朋友会说："每天阅读半小时其实不太容易。"那先从每天阅读5分钟开始呢？每天只要花5分钟时间去阅读，就可以养成阅读习惯。我曾经计算过，如果每天阅读5分钟，一本书平均7万字，一年至少可以读完16本书。16本书似乎看起来不多，但要知道，中国人平均

每年的阅读数量不超过4本。也就是说，每天阅读5分钟就已经超过了90%以上的人。

让自己患上“阅读饥渴症”

第1周：每天 5分钟 ✌
第2周：每天10分钟 ✌✌
第3周：每天15分钟 ✌✌✌
第4周：每天20分钟 ✌✌✌✌

如何才能养成每天阅读的习惯？——要让自己患上“阅读饥渴症”，其实方法很简单：在接下来的21天里（或者某个时间段），挑一个每天最适合的时间点，在第一个星期每天用5分钟的时间阅读；第二个星期每天用10分钟的时间阅读；第三个星期增加到每天阅读15分钟，以此类推。

正常人5分钟大约可以阅读3000个汉字，差不多是一本书里一节的内容。一节内容看完之后，我们可以把一些想说的或者从书里找到的有用的句子等内容分享出来，这就完成了一个学习、阅读、分享的过程。

阅读习惯
从包里带本书，
每天翻一翻开始

图片来源：《习惯的力量》

如果你现在觉得阅读是一件麻烦事儿，那可以先从每天5分钟开始。假如连5分钟都坚持不了，可以把一本书放在包里，想到的时候就拿起来读。

《习惯的力量》这本书中说，习惯的养成需要具备三个条件：

· 提示；

· 行动；

· 奖励。

这三个条件缺一不可，我的阅读习惯也是通过这种方式慢慢培养起来的。

我每天出门包里一定会放一本我喜欢或者我想看的书；家里的客厅和卧室也放了很多我喜欢看的书，这样就会一直给我提示；然后我一有空闲时间就会翻一翻书。阅读的本质是，在自己可以利用的时间，以自己可以理解的程度阅读。所以我读书从来不追求读完，而是追求在有限的时间里，像是和作者聊天一样，可能有收获，也可能没有收获，这很正常嘛。然后无论我看多少页，我都会给自己一个肯定的奖励，不错哦，今天这本书里面有一些有意思的东西可以用在写作和工作中。

鹅哥的最后一个建议是，要强迫自己养成阅读的习惯。当习惯养成之后，阅读就是一件轻而易举的事情了。

洋葱岛第一关攻略回顾

总结

现在，回顾一下前面提出的七个建议。

第一，我们的大脑在阅读的时候起着关键性的作用。我们的建议就是在阅读的时候，时刻关注你大脑的很多偏好，尽量避免受到无用信息的干扰和刺激。

第二，我们要在自己精力充沛的时候阅读，而不是在精力不足、状态不佳的时候阅读。

第三，我们要让自己集中注意力，也就是要带着目的和问题去阅读。只有这样大脑才会知道，在读书的时候应该注意什么，应该关注什么。

第四，读书的时候要专注，提升你的专注力。如果觉得有难度，可以尝试用番茄钟来帮助自己。

第五，要增强记忆力，只有一个很笨的办法——复习。这个反复熟悉的过程不是让你死记硬背，而是通过分享、测试、反复练习来提升你的记忆力。

第六，读书要从入门级的书开始阅读，要让自己进入心流状态，要让自己的能力能应对当前的压力。如果觉得列夫·托尔斯泰（Tolstoy L.N.）的《战争与和平》或者马塞尔·普鲁斯特（Marcel Proust）的《追忆似水年华》太难，就可以先读读圣埃克苏佩里（Saint-Exupéry）的《小王子》、赫尔曼·黑塞（Hermann Hesse）的《悉达多》，让这些入门的小说培养自己的阅读兴趣，之后再去挑战难度大的书。

最后一个建议是要养成阅读的习惯。每天读多久都可以，只要包里有一本书能随时拿出来看，阅读的习惯就可以慢慢养成，毫不费力。

作业

为了将之前鹉哥讲的七个建议付诸行动并融会贯通，我们需要去完成下面的挑战：

第一，养成阅读习惯，在包里放一本书，每天至少读5分钟；

第二，养成时间习惯，每天比过去早起5分钟；

第三，养成读书的仪式感，也就是说在阅读的时候要准备好阅读道具，如荧光笔、便利贴等，让大脑认为阅读是一件非常正式的事；

第四，分享成果。每天在社交平台分享阅读后的内容，可以是句子、片段、感受等，每个人都应该尝试多分享。

要想完成上边的挑战其实很容易，只需要说服大脑，适时设置一些奖励。这一点也是我之前提到过的。

互动

接下来大家有什么问题要问鹉哥的，我来替他回答。

Q1：读书的时候总是找不到重点怎么办？

鹉哥："重点"不是书上的重点，而是你自己的问题。比如，当我们想要读一本关于时间管理的书时，书里的重点跟时间管理相关，可能是关于拖延症，也可能是精力管理……要了解自己认知的局限，之后带着问题去阅读，有目的地去找重点，就会解决这个问题。

Q2：如何才能知道自己是否进入了心流的状态？

鹉哥：其实，进入心流的状态我们每个人都能做到，例如，玩游戏时、听音乐时、唱歌时、做一些喜欢的事情时……这些时候我们都很容易进入心流状态。所以想要知道自己是否进入了心流的状态，就看在做某件事情的时候，我们是不是全身心地投入其中，忘记了时间，也忘掉了自己的疲惫程度。

Q3：比较专业的书怎么读？

鹉哥：比较专业的书有两种读法，第一种是为了考试进行系统的阅读和学习。既然是专业书，就意味着该专业有系统的结构，书的目录就是非常结构化的内容，先把目录结构搞清楚，再看看哪些是考点、哪些需要认证、哪些是需要做作业的，依次处理，也就读懂了专业书。

另一种学习的方式是只挑选一些很重要的部分进行阅读。像我这种非科班出身的人看一些专业书时，就会挑重点内容看，无须再按照结构来看。比如《创造性的采访》，讲的是记者如何去做采访。做采访时有两件事情特别重要，一是提问，二是倾听。所以这两个部分的内容对我来说就已经足够了。

Q4：你一般会分享哪些内容，标准是什么？

鹉哥：分享没有标准。分享是一个验证的过程。如果想知道自己到底知道多少，看没看明白，就试着把读到的内容分享出去。你会发现在任何时候、以任何形式都可以分享，微信公众号文章是分享，发朋友圈也是分享。最关键的是，分享的时候要想着怎么把读到的内容解释给没有读过这本书的人听，让别人能听明白。

第二章

章鱼哥：碎片阅读

看完了鹉哥给我们的七个建议，接下来，我们进入第二个关卡——章鱼哥。

章鱼哥看上去萌萌的，也是一个超级大忙人。

场景导入：碎片时代的阅读

章鱼哥的故事

每天要学的东西好多、好杂；
公众号很久没有点开了；
囤了很多课，也不知道什么时候能听完；
开始不想学习了，太乱了……

章鱼哥每天都要学很多、很杂的东西，就像你每天要读很多公众号文章一样。你还记得你有多久没有阅读公众号文章了吗？那些好久没有点开的小红点就像是一个个隐含的提示符，告诉我们已经囤了很多课，却不知道什么时候才能看完。所以当我们囤了越来越多的“课”

的时候，就好像家里越来越乱，这个时候你已经不想学习了。

章鱼哥在很久以前特别喜欢收集东西，什么东西都想带回家，最终导致家里乱糟糟的。所以今天章鱼哥深刻总结了他的经验，告诉我们在如今这个碎片化阅读的时代，究竟该如何去收集碎片知识，在忙里偷闲的同时，还能让我们找到和学到对自己有用的内容。

薛神医的故事

据说章鱼哥之前看了一部武侠小说——《天龙八部》。在《天龙八部》里有一个医术非常高明的人叫作“薛神医”，他有一个很奇怪的癖好，就是每次给一个人治病后，总会要求那个人教他一个绝招，就这样他东学一招西学一招，好像天下各种武功绝学都被他掌握了。

那我们现在是不是也跟薛神医一样呢？我们跟不同学科的老师学习，好像掌握了各种各样的“武功”。请你诚实地告诉我，你真正记住和掌握的又有多少呢？

这个薛神医后来真的变得武功高强了吗？

答案是并没有。

在聚贤庄那一场大战中，当薛神医见到乔峰与群雄搏斗的时候，他突然发现乔峰的出手之快、下手之重是他生平从来都没有见过的。所以别说出手了，他几乎连动都动不了。

现在很多人好像也是这种状态，看上去学了很多东西，但是好像我们的工作、学习或生活并没有什么改变，更谈不上有什么具体的行动。所以当章鱼哥知道了这个道理后，他慢慢开始转变了。

我们要讲的是碎片阅读，就是如何利用这些碎片化的时间和内容，进行阅读和学习。

我的故事

先来看一下，我是怎样进行碎片阅读的。前边已经讲过要在包里放一本书，在排队时、上班前、开会前、睡觉前、午休前等看起来零散的时间里进行阅读。这个“阅读”不限于读书，浏览一些公众号文章，翻一些app里的新鲜事，从广泛的意义上来讲都是一种阅读。

我对朋友圈始终保持着一种学习的心态，我经常看别人的朋友圈，还会去找一些有价值的东西。比如，看到一张很有趣的图片，或者是看到别人对一本书的精妙解读，我都会悄悄记录下来。

还有我们今天都非常熟悉的课程微信群，在里面大家都会贡献自己认为非常有价值的内容。尽管有些内容是我来讲授的，但我还是会很惊喜地发现很多同学在我的基础上做了更多的改进，于是我会选择其中非常精彩的内容进行保存和吸收。另外即使课程结束，我也会刻意去注意大家讨论的内容，如果大家在闲聊，我往往不会说话，如果大家发了一些有价值的东西，我就默默地收集。

书中的一个章节或者一个片段

因此，现在的我，在读书时既不追求数量，也不要求读完。我的做法是：当我要解决某个问题的时候，主动去寻找可能会讨论这个问题的文章和书籍，去观察——作者用什么样的思路解决问题？在这个解决方案背后，是否有我熟悉的知识？我还能把这个解决方案的原理，应用在什么领域？

当把这些问题想明白之后，可能我并没有读完一本书，但是我对于这个问题的理解和认识，比读完10遍书的人都要深入。这种状态，呈现出来便是举一反三的能力。在别人眼里，你更容易用跨界的知识解决问题。因此读书不再与读多少，而在于你有没有通过读书重新认识这个世界，发现临界知识并把它运用到自己的生活当中。

生命有限，不要把有限的生命浪费在那些“低水平勤奋陷阱”里。

图片内容来自成甲《好好学习》

利用碎片时间阅读，就是说不需要强制性要求每天定时定量地阅读，比如，现在只有5分钟，那可能打开书看一节的内容就够了。用零碎的时间去阅读，这就是我现在的一种状态。

千万别小瞧这个步骤，这个步骤实际上就是我们很厉害的一个招式，叫作“联机学习”。在没有互联网的时候，我们很多人学习都是在自己家里看书，每个人都是单独的个体，但是互联网时代每个人都有机会跟别人产生链接。

什么是“联机学习”呢？就是我们可以在一个群里学习同样的东西，可以互相讨论，可以分享彼此的想法。你有一个想法，我有一个想法，我们两个通过交流，就各自有了两个想法，你就收获了一个不一样的观点或见解。联机学习最重要的一个途径其实就是我们在这种碎片化的时间里向别人学习。

什么是碎片阅读

碎片阅读就是有目的地学习

首先章鱼哥会给大家重新定义碎片阅读。

碎片阅读不是说什么都学，**而是有目的性地学习更多**。也就是说，你要带着目的和兴趣从一堆东西里找到想要的。

在可以利用的时间内，以自己能够理解的程度去阅读

碎片化的时间　　碎片化的理解　　碎片化的学习内容

还记得前面的内容中我们讲的什么叫阅读吗？阅读就是在可以利用的时间内，以自己能够理解的程度去阅读。**“碎片阅读”实际上就是**

在碎片化的时间里，以自己碎片化理解的方式去学习碎片化的内容。时间是碎片化的，碎片化时间内对内容的理解也是碎片化的，学习的内容也是碎片化的。

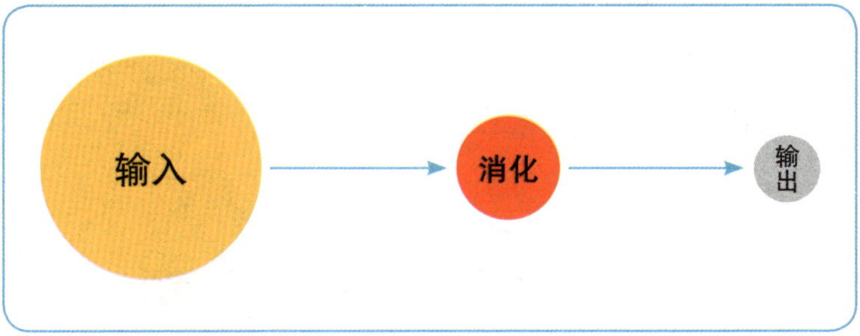

我们之所以常常觉得报了很多课程学习起来很累，却很少会花心思认真坚持，实际上是因为我们只知道把输入端变得越来越多，却忘记了如何去消化，而只有把这些内容真正消化掉，才会变成输出。

我最近在“喜马拉雅FM”上听一个台湾省的老师讲的“小说课”，讲课人是许荣哲。他有两本同名的图书，大家在网上就可以买到。他在“喜马拉雅FM”上有两个节目都是专门教别人如何讲故事的，每节课大概十分钟，时长共计八九个小时，但是我平时没有那么多时间专门听这个课，怎么办呢？我利用上下班在路上的时间来听，在一周内充分利用碎片化的时间，反反复复听了三四遍。那一周我没有听别的内容，而是把时间和精力专门用在收听这两个节目上。

那么我都记住了什么内容呢？其实我可能只记住了“一分钟讲一个故事”“三分钟讲一个故事”，以及“如何挂羊头卖狗肉”等比较核心的概念，其他内容我都忘了，但这丝毫不影响听这堂课给我带来的巨大收获。也就是说，我真正通过这些碎片化时间要去寻找和学习的正是核心概念。

其实如果你要学会讲故事，并不一定体系化地去学习，你只需要把讲故事的几个基本要素和一些套路集合起来。比如，记住六种场景和运用六个故事模型，把它们随机组合起来使用，六乘六就是三十六种了，当然你也有可能创造出无穷无尽的故事来。

碎片阅读的核心：概念

碎片阅读的核心：概念

序号	概念	关键知识点	文章发布时间
0	财富自由	财富自由的本质是时间自主权	7月27日
1	注意力	人最重要的价值和关键财富	8月1日
2	付费	获取更多时间和注意力的方法论	8月7日
3	人生的枷锁	进步的前提是放弃部分安全感	8月15日
4	生活的根基	活在未来才能创造更多财富	8月22日
5	贵人	12个让别人愿意帮助你的方法	8月29日
6	资本	有效资本的3个基本要素	9月5日

注：图片内容来自李笑来《通往财富自由之路》

碎片阅读的核心是概念，所以你只需要学习一些概念，然后将它们进行组合就可以了。在这方面做得很厉害的是谁呢？我要介绍一个人，他就是李笑来，我相信很多人都听过他的节目或者读过他的书。

其实无论是李笑来老师的《财富自由之路》还是《把时间当作朋友》，或者其他的文章，包括“新生大学”还有“学习学习再学习”的公众号，所有的渠道或方式，他都在做一件事情——把概念梳理出来。

有一次我在线下听他的“私房课”，他谈到自己在写作的时候，每天会列出六七十个概念，然后尝试在一年的时间里把这些概念讲清楚，在写这些概念的同时自然也会有一些新的概念冒出来。所以他在一年里只要面对这些概念并找到诠释的方法，基本上他的文章或专栏就有了雏形。

如果你在“得到”app上看李笑来的专栏，就会发现在过去的一年时间里，他就是在贯彻这样的理念，一周讲一个概念，在周一的时候把这个概念写出来，然后周二、周三、周四的时候，大家一起讨论，到周五的时候再把这些大家集思广益的东西整合起来，变成一篇新的文章。

有人会说：“这也太简单了，一周一个概念，一年只写了五十四个……”千万别小看这五十四个概念，因为这些概念背后是每个概念的彼此相连，盘根错节，所以当你知道的概念越来越多，你对于概念的理解和见解也就越来越多，你就会发现你看问题的思路、层次和角度越发通透、有深度和广度。

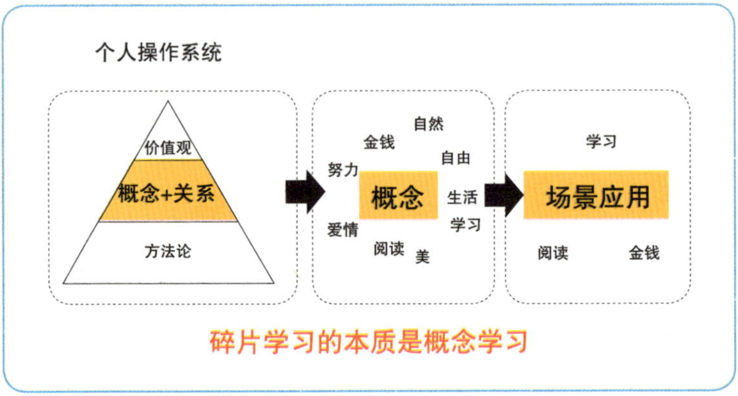

李笑来老师在书里说，如果一个人是操作系统的话，那除了我们学习的方法论，我们的核心其实还是概念以及概念的关系。比如，你怎样理解金钱、阅读、学习、自由、爱情、努力，这些概念看上去很抽象，但正因为抽象，所以每个人对它的理解都不一样，当我们去行动的时候就会有截然不同的选择。

比如，阅读这件事。有人觉得阅读就是一件特别枯燥的事情，当他对“阅读”这个概念这样理解的时候，就产生了一种畏惧，会觉得阅读之后一定要记住，还得专门到学校里系统化地读。但是相信学完了“洋葱阅读法”，你会对阅读有一个全新的认识。阅读实际上是以你为中心的、很自由的一件事。

那么这种方式是不是只有李笑来老师一个人在做呢？其实如果你多看多研究一下这些大神所写的内容，就会惊喜地发现，他们所表达的都是相同的概念。比如古典老师的《超级个体》专栏也是在讲概念，他讲的是每个人平时不太注意或者很容易理解错的概念。看吧，所有的一切都是概念和概念的连接。

《超级个体》全年内容安排暨个人成长知识地图

■产品能力　■媒体能力　■运营能力　■战略能力

学习板块	周数	主题	解读 1	解读 2	解读 3
	第 1 周	未来职业趋势	新职业坐标系	6 种未来核心能力	3 条未来职业赛道
	第 2 周	个人发展底层逻辑	自由职业态	组合式工作	3 种新职业趋势
底层逻辑	第 3 周	加速职业发展	职业发展模型	2 种职业发展成功攻略	生涯发展三阶段
	第 4 周	用技能迁移打造竞争力	职业技能迁移	用能力萃取来转行	乐高式能力组合
	第 5 周	职场清零术	职场清零术	断舍离整理法	零库存人生
	第 6 周	WOOP 设定目标	梦想的坏处	用心理比对提高胜算	提高毅力的执行意图
	第 7 周	提升自我效能	3 种碎片化管理法	加减乘除 4 种高效策略	超越碎片化时间
	第 8 周	100% 提升精力	精力金字塔模型	用节奏感提升精力	如何提升自己的精力
	第 9 周	三件事目标管理	“三件事”目标管理法	用结果思维放大价值	能力产品化 3 问
自我效能	第 10 周	提升结构思维	用结构做总结	用结构说服他人	用结构形成观点
	第 11 周	2017 年职场趋势预测	2017 年 3 大职场关键词	2017 年 3 大管理关键词	2017 年风口职业
	第 12 周	多元化人生设计	5 种斜杠方式	多元人生的 3 种路径	AEIOU 法找到可能性
	第 13 周	战胜拖延	区分真假拖延	自我谈判的艺术	6 个策略停止拖延
	第 14 周	春节特辑：幸福心理学（上）	幸福能够练习吗	幸福公式	3 个幸福的误区
	第 15 周	春节特辑：幸福心理学（下）	成为幸福的人	心流模型	冥想与正念
	第 16 周	发掘你的潜能	新木桶原理	优势培养公式	用 SIGN 法发现优势

学会收集概念

当我渐渐明晰这一点的时候，接下来做的就是在过去的一年多时间里，学会收集并整理出自己的概念。

比如，我收集的图片（上图）很可能就是在阐述“伞兵思维”，这个概念简单讲就是伞兵天生就是被包围的，在他们入伍的第一天，就被灌输这样的理念。这样看的话，创业不就是伞兵思维吗？当我看到伞兵的图片、想到创业的时候，我的第一个概念就出来了——伞兵思维，即这个世界上能够真正成功的只有2%，我们处在被各种因素的包围中，随时都要做好准备进行“突围”。

我的印象笔记中也收集了很多概念，比如，“绿灯思维”，就是不要等到这条街上的绿灯全部都亮你才开车，而是这段路的绿灯亮了，你往前行进一点点，看到红灯停下，等待下一个绿灯。就这样一步一步地往前行动，而不是说等到一切都准备好了再开始。如果等所有东西都准备就绪，再一条路开到头儿，这样的情况往往不太可能出现。

还有一个“甜蜜区”的概念，往往会出现在我们做选择的时候。巴菲特曾经提到在他的办公室里有一张图。这张图上是一个非常有名的美国棒球手，他保持了历史上最高的击中率，为什么他有那么高的击中率呢？就是因为有些球他会选择不打。也就是说，在一些重大比赛的时候，如果这个球不在核心的击打区域，他就选择不挥杆。赛场上，不挥杆真的可以吗？其实我是想让你知道，当我们在选择的时候，我们也要像这个棒球手一样，选择当下对自己最重要的一环，否则就不出手。

你看，一张图就是一个概念。

> 如果只用一种方式了解某样事物，你就不会真正了解它。了解事物真正含义的秘密取决于如何将其与我们所了解的其他事物相联系。通过联系，你可将想法内化于心，从各种角度看问题，直至找到适合自己的方法。这才是思考的真谛！
>
> ——马文·明斯基
>
> 博学家、认知科学家

我还有更多的文字记录，比如什么叫学习，什么叫内化，这些概念都是最近更新的，一旦你对这个概念有了充分的了解，你就能知道事物真正的含义和秘密，而这一切都取决于你如何将自己所了解的和其他事情相关联。这样的话，你才可以形成“内化”。所以学东西的时候，我们要的就是这种内化的过程。你看这也是一个概念。

有了这些之后，我们再来看一下李笑来老师的一个总结。他说如何判断一个人是否聪明，**第一要看他是不是有足够多且清晰准确的概念；第二是对于这些概念之间的关联他是不是有足够的了解；第三是看他有没有系统的方法论；第四是看他有没有成功的经验**。

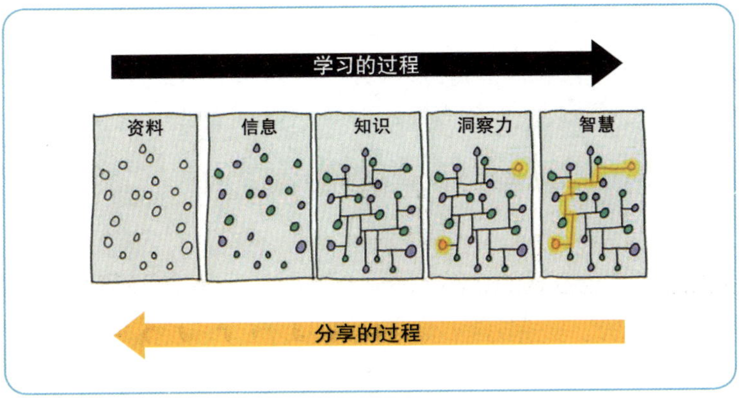

关于这四点，第三条、第四条的方法论和经验，是在你形成了概念的连接，建立了一些知识体系，有了一个知识结构，有了一些成熟的套路之后才逐渐形成的。所以判断一个人是否聪明的两个基础，实际上就是前两条——有没有足够多且清晰准确的概念和对这些概念的联系是不是足够的了解。你可能会觉得有一点点抽象，因为我们现在讲的是方法层面，工具还有实际操作的部分我们后面会再介绍。

回到碎片化阅读，其实你会发现碎片阅读更像一片一片落在地上的树叶。这些叶子落在地上，当你捡起的时候你很难知道这些叶子具体来自哪棵大树、哪根树枝。这个时候我们就需要去学习一些系统知识，这片是枫叶，应该是枫树上掉下来的；那片是樟树叶，应该是从樟树上掉下来的。

理解了这个你会发现为什么会出现下列情况：我是一个作者，我要写一篇文章的时候，我可能要从脑袋里抽出一个概念放到文章里。

为什么要这样？是因为一篇文章大约会有三千字，所以我一定要在有限的范围之内，清晰地讲解出一个点，所以我就只能跟你剖析其中的一个概念，但这个概念是从你根本就看不见的结构里选择和呈现出来的，否则你就很难知道这个概念背后的意义是什么。

碎片阅读的工具

到目前为止，我们已经知道了碎片阅读就是对一个个的碎片化的概念进行梳理和理解，那么如何整理呢？

我在前面已经提到的一个工具就是印象笔记。

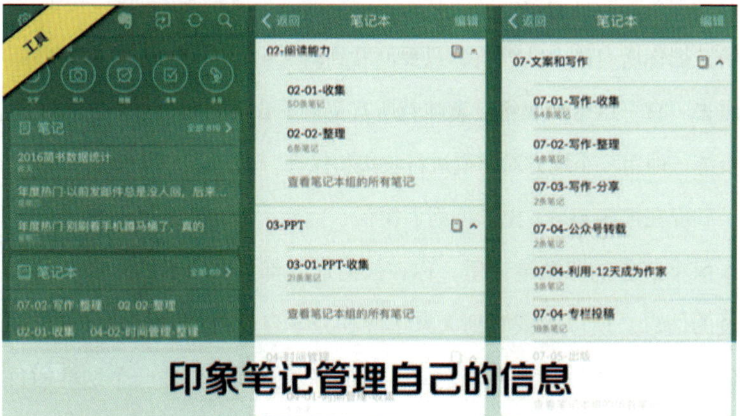

印象笔记，是一款在手机端、平板端以及电脑端均可以登录的工具。

我们都知道吸引力法则，你关注什么，你就会看到什么。你当下关注什么领域呢？思维导图？时间管理？写作？还是职业规划？抑或是心理学？首先，尝试着找到自己最感兴趣的地方。

设置信息“临时收集箱”

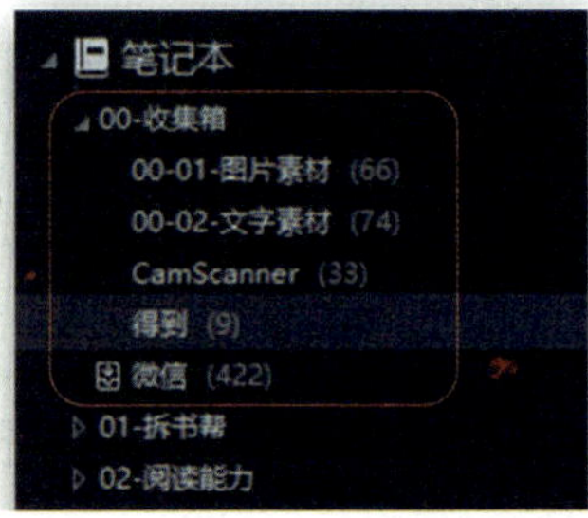

微信、网页、资讯app里面的内容，可以直接放入“暂存区”

其实我们只要做一件非常简单的事情，那就是先去创建一个收集箱，把你所有乱七八糟的，只要能看到的文字、图片还有文章都收集进去。有了这个收集箱就意味着所有资料不会再零星分散到各处。你会统一地用一个地方对它们进行收集和保管。

现在很多app，比如得到、微信、网易，都可以支持一键点击同步保存到你的印象笔记里，你在任何地方都能够查看你之前所收集过的信息。所以当我看到大家已经在分享自己关注的领域，无论是你关注一个领域还是多个领域，你都可以尝试先创建一个这样的目录（上图右所示），把这个领域相关的所有你能看到的碎片化信息全部收集过来。

小马宋是一个在营销界非常有名的文案大神，他在《从锅炉工到创意总监》中写到了自己如何通过这样的碎片化方式进行学习，比如他收集了十年来两万个顶尖的创意作品，然后分门别类地整理成了十个PPT，反复看了很多遍。然后又收集了世界上最经典的文案，把它们全部抄写一遍，其中的大部分文案都能达到背诵或者复述的程度。而在他做广告的六年时间里，几乎每天都保持至少要阅读十个广告案例的状态。

所以，小马宋老师通过碎片阅读，用了几年的时间，就从一个锅炉工变成了一个广告公司的创意总监，非常厉害！

此外关于工具的部分我还想再多说一句，有的人说："如果我用的是'有道'app可不可以？"其实什么工具都可以，方法都是一样的。只不过有的app不支持使用有道云笔记，或者说有道的软件跟很多app并没有直接贯通，用的时候要稍微注意一下。

资料的"零存整取"

通过使用这些工具收集信息之后，该怎么应用到我们的生活中呢？

“零存整取。”比如，当我想去了解什么叫作商业规划或者想写一篇商业规划的文章时，在印象笔记里输入“商业规划”，就能搜出所有之前收集过的图片、视频、公众号文章还有群分享里面一些相关的聊天记录，这就是一个“零存整取”的过程。

构建你的知识体系

你的知识体系从哪里来

讲完了工具，我们再来看看知识体系。之所以要讲一下知识体系，是因为我们在谈到碎片阅读的时候会遇到种种问题，比如，你已经收集到很多文章了，这时你是选择放在网页的收藏夹里，还是放在你的微信收藏里，抑或是放在印象笔记里？——你最需要的是将收集到的信息转化成自己的知识体系。

知识体系的重要性

在你还没有将收集到的碎片化内容进行转化的时候，实际上那些内容就像一大堆砖头。但是你必须明确地知道你收集了这么多“砖头”究竟是要用来做什么。相信很多人都知道，砖头是盖房子用的啊。所以你得知道怎么盖房子，才能让这些砖头派上用场。这个时候你会发现什么叫作盖房子的能力，也就是我们一直强调的知识体系。你要知道应该怎么用这些碎片化的内容，简单来讲就是我应该先搭起一片墙还是先建起一个炉灶。

你得先知道怎么盖房子，然后你才会知道砖头怎么用

所以当我们关注一个领域时，我们到底应该关心什么内容呢？如果我们没有构建一个知识体系是不会知道的。

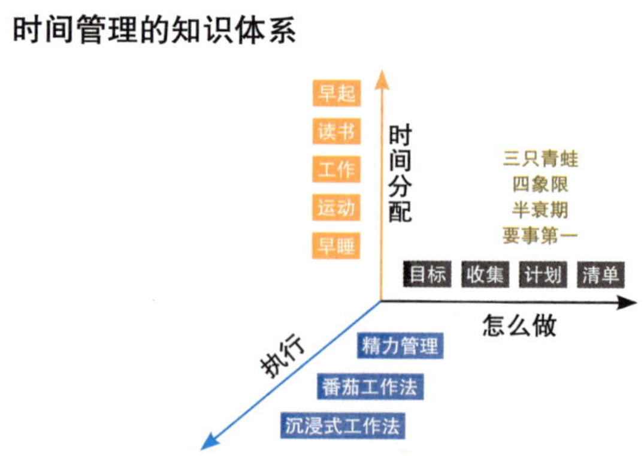

比如时间管理，当你不知道时间管理方面到底应该关注什么时，你就去收集这方面的内容，只要是看上去与时间管理有关的都收集起来。但是你还是没有办法把这些碎片化的内容转化成你的知识体系。比如，关于时间管理的知识体系，你可以用一张图（上页图）告诉自己时间管理可以分成3个部分：时间分配、任务的执行以及怎样去做。

学习任何东西都会讲到知识体系。

知识体系从哪里来

知识体系的由来其实有两个途径：**一个是来自课程**，比如，“洋葱阅读课”的体系就是把阅读分成了碎片阅读、快速阅读、主题阅读、深度阅读等不同的方面。这就是一个阅读的知识体系。

另一个是来自图书，比如一些教学类的专业书，我们都知道每个学科的知识都是有结构和系统的，而且大部分专业书的体系都是成体系化、非常清晰的。

当我们看到这一点，就意味着看一本书，从目录开始看就可以了。即使你不能看完所有的内容，至少可以从目录大概知道这本书讲了什么内容。

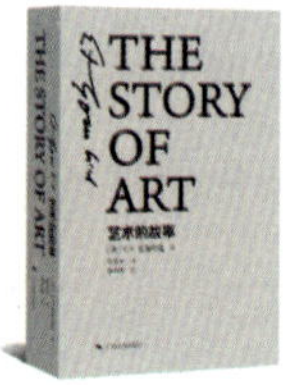

《艺术的故事》中提出的艺术史分析的概念框架

1. 时间及区域
2. 艺术家的地位
3. 艺术家的目标
4. 艺术的内容
5. 艺术的形式
6. 艺术家的意图

比如，《艺术的故事》一书虽然看上去好像很枯燥，但它更多地提供了一个艺术分析的概念和框架；而《小顾聊绘画（贰）》则是“顾爷”用轻松幽默的方式带领我们了解艺术史上有意思的精彩片段，但是他并没有说怎样去分析艺术并转化成我们自己的知识体系。

如何提炼和构建知识体系

举例：
从文章中提炼

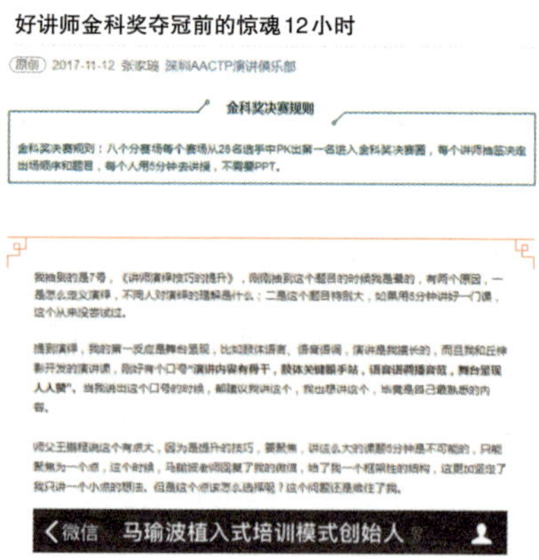
好讲师金科奖夺冠前的惊魂12小时

原创 2017-11-12 张家瑞 深圳AACTP演讲俱乐部

金科奖决赛规则

金科奖决赛规则：八个分赛场每个赛场从28名选手中PK出第一名进入金科奖决赛圈，每个讲师抽签决定出场顺序和题目，每个人用5分钟去讲授，不需要PPT。

我抽到的是7号，《讲师演绎技巧的提升》，刚刚抽到这个题目的时候我是懵的，有两个原因，一是怎么定义演绎，不同人对演绎的理解是什么；二是这个题目特别大，如果用5分钟讲好一门课，这个从来没尝试过。

提到演绎，我的第一反应是舞台呈现，比如肢体语言、语音语调，演讲是我擅长的，而且我和丘律影开发的演讲课，刚好有个口号“演讲内容有得干，肢体关键展手姑，语音语调播音腔，舞台呈现人人赞”。当我说出这个口号的时候，都建议我讲这个，我也想讲这个，毕竟是自己最熟悉的内容。

师父王鹏程说这个有点大，因为是提升的技巧，要聚焦，讲这么大的课题5分钟是不可能的，只能聚焦为一个点，这个时候，马瑜波老师回复了我的微信，给了我一个框架性的结构，这更加坚定了我只讲一个小点的想法。但是这个点该怎么选择呢？这个问题还是难住了我。

从文章中提炼。我们可以先看一个例子，这篇文章来自我的一个朋友，他刚刚得到了“金科奖·我是好讲师”的冠军，在文中他讲述了自己夺冠前12个小时的准备。从这篇文章中我们可以提炼出什么东西呢？首先它里面有一张图，这张图来自一个老师，这个老师告诉他演讲的六个方面分别是：气氛的营造、站姿走姿、手势、声音、面部表情，还有控场的技巧。你看这不就是一个体系化的东西吗？这就意味着当我们去做演讲的时候，当我们想要注意除了演讲内容之外的东西时，其实就注意这六个部分就好了。

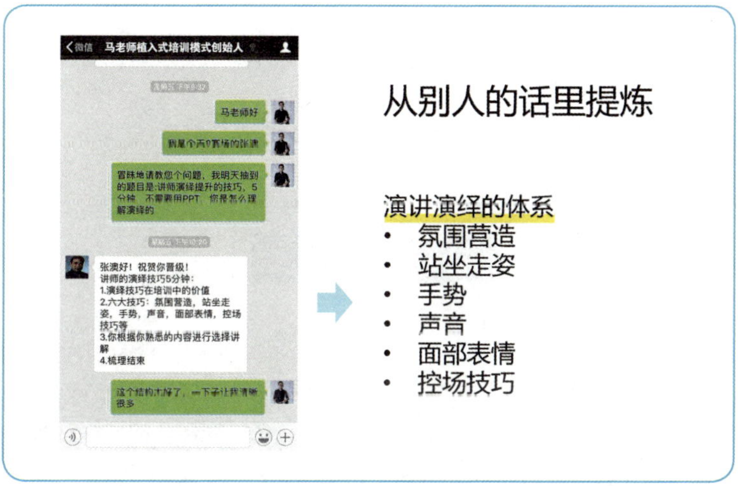

我们知道了如何建立体系，如何去收集碎片信息，如何使用工具，我们将这些碎片收集到印象笔记之后，那么接下来该如何处理呢？

碎片阅读的方法

碎片化阅读的方法可以概括为三个步骤，分别是：**提炼**、**链接和融合**。

这三个方法，可以让你在浩如烟海的碎片知识里快速找到自己要的东西。

提炼

怎样进行提炼呢？

我来举一个例子：一位洋葱学员百灵，在听完洋葱的训练营课程之后，把所有的课程PPT都打印了出来，然后进行拆解、提炼。像破案需要寻找关键线索一样，她把我说话的内容全部剪成一块一块的，然后自己重新组装，一下子就找到了所有对她来说最精华的部分。

所以你看，她用一张图就把所有的内容全部呈现出来，是不是比你记住几百页PPT的内容更有价值？

李敖先生也经常用这样的提炼方法从书本中提炼知识。如果他觉得这本书这一页很重要，他就会用剪刀把它剪下来。

我自己也用这种方法去拆解和提炼公众号的文章。

比如，一个“得到”上的音频是讲“权力的悖论：如何产生、如何破解”。它里面的内容很多，但我从中提炼的无非就是两个：第一，什么叫作权力；第二，它如何产生。

所以提炼的概念，就是在练习的时候，选择对我们自己来说觉得重要、有趣、有价值的部分，把它们提炼出来。

掌握这种方法之后，你会发现，即便一本杂志，也可以用这种方法来做提炼。一篇洋洋洒洒三五千字的文章，对你而言可能其中只有一句话、一个片段是至关重要的。

前段时间我看了一个叫作《内心引力》的电影之后，我就开始回顾和提炼：我能从这个电影里获得什么，这个电影对我有什么作用？首先它能感动我，但是感动之后我能利用这个电影做什么？于是我从中提炼出了几张卡片，这些卡片就用来写文章了。

工具推荐：

· 萝卜书摘

这款app可以帮你识别书上的一段话，然后利用OCR技术转成文字，这样你就可以在读纸质书籍后创建自己的每本书的书摘片段。

· 概念卡片

概念卡片是用类似于明信片大小的空白卡片，可以用它来摘录书中或者文章中的关键概念。

你可以直接照着打印名片的方式打印这种空白卡。

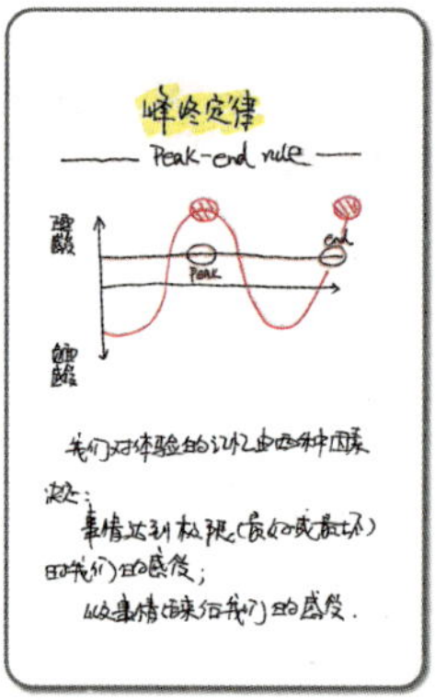

链接：关联自己的经验

> **联想是记忆的基本原则。**
> **所以知识也须攀亲结友。**
> **一种新来的知识好比一位新客走进一个社会，**
> **里面熟人愈多，**
> **关系愈复杂，**
> **牵涉愈广，**
> **他的地位也就愈稳固。**
>
> 来自：《朱光潜谈读书》

第二个步骤就是链接，所谓的链接就是要跟自己的经验相关联。当我们阅读文章并从中提炼出我们想要的概念和素材之后，我们会发现，把它们提炼出来并不是最重要的，最重要的是和我们自身产生关联，加上我们自己的标签和说明，最终为我们所用。

我们在读书的时候，不要过于追求阅读的速度和数量，而是要学会发现所读的内容中，是否有我们熟悉的。如果有，你就想想，我们的大脑里是不是曾经遇到过类似的——这样就很容易建立关联。

融合

碎片化阅读方法的第三个步骤就是融合——通过拆解提炼后的内容，创造属于自己的内容。

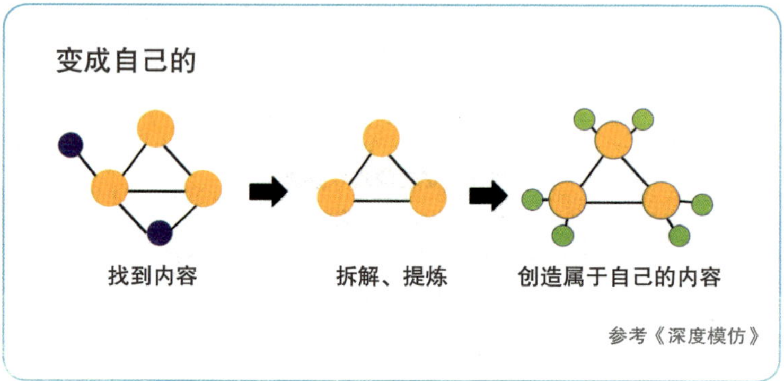

当充分掌握了核心的知识体系之后，我们就可以随时更新自己的案例。当我们有了足够多的概念库之后，就可以随意地进行组合。

最后，我们总结一下碎片阅读的方式，实际上就是找到内容之后，去拆解、提炼出核心内容和知识体系，然后再经过加工、组合、创新变成我们自己的这样一个过程。

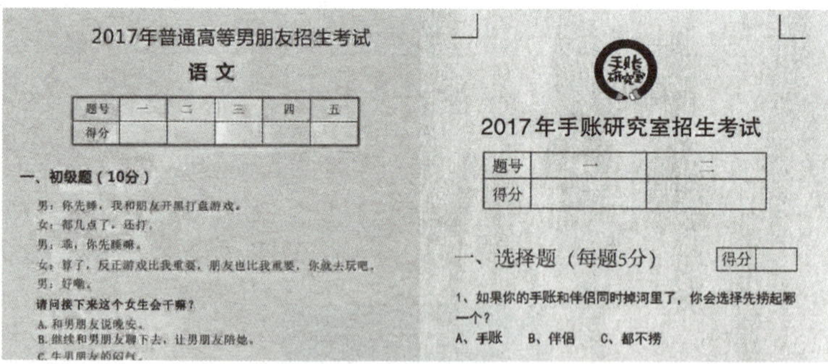

这里举一个融合的例子，就是说怎样把别人的东西变成自己的。前段时间我们的朋友圈很流行一张图（上图左），这张图出现的当天，我们的“行动派手账研究室”的小伙伴就仿制了一份“2017年手账研

究室招生考试”（上页图右），这就是快速迁移——基于一个碎片化的内容，把它演变成了自己的。

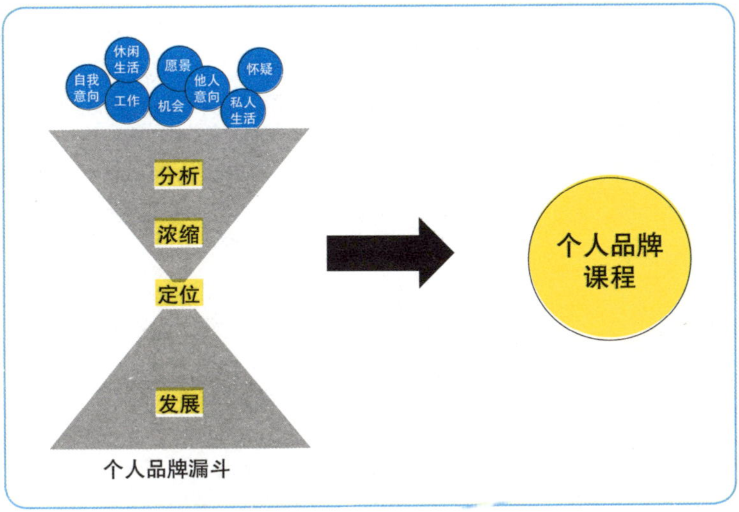

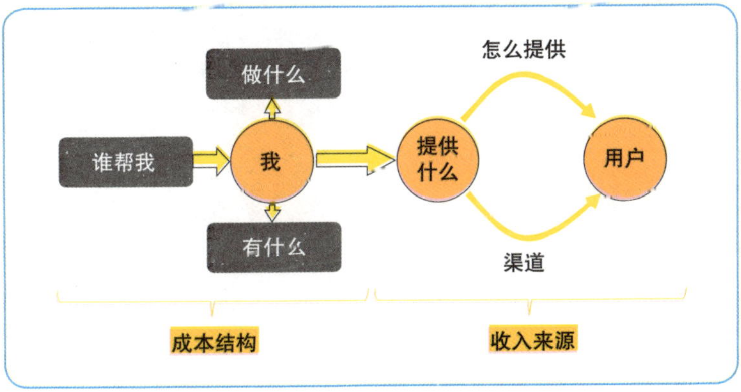

我在做我的个人品牌课的时候也是这样一个融合的过程。我读了很多跟个人品牌相关的书，有一天我看到一本书上有一张个人品牌漏

斗图。我发现里面流程化的内容可以拿回来变成我自己的。于是在讲个人品牌课的时候，我绘制了一张流程图（上页图）。这个时候，从别人的东西变成自己的东西，实际上就是提炼——链接——融合的过程。

所以最好的学习是什么？

实际上你发现无论你收集了多少碎片化的内容，无论你懂得多少盖房子的道理，你都要适时地去分享，因为在分享的时候，也是验证我们是否真的搞清楚了概念，同时也可以在教会别人的同时验证并巩固自己的方法。

你的碎片阅读时间

明确自己的碎片时间

其实通过读前面的内容，很多人会以为碎片阅读讲的就是碎片时间，实际上当我接下来要讲利用碎片时间之类的干货时，我们要先问一下自己是否真的愿意利用这些碎片化时间去学习？或者你真的愿意把这些碎片化的时间用来提升自己吗？

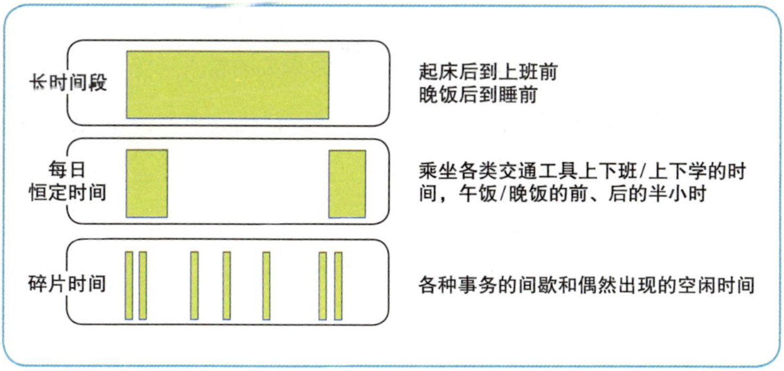

实际上我们每天的时间除了长时间段和恒定时间，剩下的就是碎片时间，所以在利用这些碎片时间做什么之前，你应该先看一下自己每天到底有哪些时间段是属于碎片化的。

第一点是你要察觉到自己有零碎的时间，第二点是你要明白这些零碎的时间可以做什么。比如我今天从深圳到武汉，高铁全程将近四个半小时，这段时间我可以用来做什么？这样我就可以提前做好规划。这样，我一旦开始了这段时间，就不会只是百无聊赖地刷手机，而是有一个非常明确的方向。

明确你的学习来源

我的学习来源有“知乎日报”“集客”，我一般不会在微信里关注公众号，那样的话太多了，于是我用“集客”这个软件来帮助我进行订阅。

还有就是“简书”的热门，还有“得到”的一些专栏。这些也是我日常关注的，“得到”是我现在一个非常重要的输入来源，每天我都会花一点时间阅读，比如在路上去听一些碎片化的内容，如果觉得是有价值的我就把它收集起来。

从兴趣出发

其一，你要先对某个内容感兴趣，因为你感兴趣才可能去关注；其二，要解决自己的问题，也就是说，这些内容必须是可以解决你的问题的，它可能解决的是你的兴趣问题，也可能解决的是一个困难的问题。

洋葱岛第二关攻略回顾

总结

本章中我们先讲了碎片阅读的概念以及我们对它的理解。

接下来讲到印象笔记等一些可以用到的工具。用好这些工具，我们就相当于掌握了构建知识体系的“砖块”，然后运用三个步骤：提炼——链接——融合。

最后我们讲的是碎片时间。首先，你要明确你每天都有哪些碎片时间可以利用；其次，你要知道在这些短暂的时间里，你都要做成哪些事情，然后充分做好自己的安排和计划。

作业

想得到章鱼哥的勋章吗？章鱼哥给你的考验是：从现在开始，每天从你的生活中收集一段话或者一张图，并写上自己的感受，在微博上加入话题“#洋葱阅读法#+打卡内容+@彭小六”和我们互动分享吧。

互动

接下来大家有什么问题要问章鱼哥的，我来替他回答。

Q1：长时间阅读和碎片化阅读的区别是什么？

章鱼哥：碎片化阅读更多的是关注我们如何在零碎的时间里阅读一些碎片化的资料，比如读一篇杂志文章、一篇公众号文章、一张图片、一本书中的某一章节或者一个片段等等，不需要有太强的逻辑要求。

Q2：利用碎片时间阅读的时候，常常感觉记不住内容，有什么提升的好办法吗？

章鱼哥：还记得我们上一章中所讲的内容吗？想要记住一个东西最好的方法就是反复练习。所以当你知道了某个概念之后，多次运用就显得特别的重要。不要光去死记硬背，要反复使用，反复分享验证才可以。

Q3：碎片化阅读时可能会有一些好的灵感，记录灵感有几种方式？

章鱼哥：最简单的一种方式是你可以用像印象笔记这种可以直接记文字的工具；当然还有一些别的方式，比如，通过一些语音录入工具，像讯飞语记等；甚至还有我们前面讲到的可以随身携带便利贴，随时把灵感记录下来。

第三章

剑士：快速阅读

看完了章鱼哥讲解的碎片阅读，接下来我们要挑战的是第三个关卡——剑士。

场景导入：快速阅读的诀窍

剑士的故事

剑士出剑很快，对知识点进行快、准、狠的“砍杀”一直是他坚守的人生信条，所以他会教我们如何快速阅读一本书，如何从一本书中快速、精准地找到对我们最有价值的信息。

剑士的脾气很火暴，所以他没有太多的时间，但是他会帮我们快速从一本书中得到想要的东西。如果你想得到一天读完一本书、一个小时读完一本书，甚至30分钟读完一本书的秘诀，那么跟着他，我们一起出发吧！

阅读速度的快慢

这一章的主题是快速阅读。

场景 1	场景 2
30 分钟 从头到尾 逐句逐页地阅读	8 分钟看目录和序言 22 分钟详细阅读 一个关键章节 或者一个关键概念

哪种方式更好地利用了时间？
哪种方式更好地促进了主动阅读，加强理解，记忆新知识？
哪种更节约时间？

每个人都想提升自己的阅读速度。一般在阅读的时候，我们有两种方法：一种方法是从第一页开始看，逐句逐页地阅读，每次的阅读时间大概是30分钟；另一种方法同样也是30分钟的阅读时间，我们先用8分钟时间了解一下目录和序言，剩下的22分钟直接阅读从书中挑出的感兴趣的章节或比较重要的章节，去理解其中的关键概念。

无论怎样选择，都要注重阅读的本质——在可以利用的时间里，以自己理解的程度去阅读。其实快速阅读不需学习，每个人都明白应该如何去提高阅读速度。如果想提高一下阅读速度，用第二种方法就可以加快速度。

快速阅读的本质，或者说提升阅读速度的目的，就是以主人的心态迅速地让"仆人"——书本告诉我们，它是干吗的，它有什么价值，它值不值得我们为它花更多的时间和精力。如果我们不能确定某本书到底有没有用，但我们只有30分钟的时间去阅读，这时快速阅读就是一种很好的方法。

在阅读的时候，经常会出现默念、回读、被各种事情分散注意力、没有目的地阅读等情况，这些只会让我们的阅读速度变得越来越慢，以至于消磨掉我们阅读的信心，甚至是讨厌读书。在阅读这件事上，一方面，我们好像知道"阅读""速读"是怎么回事；但另一方面，我们又好像对快速阅读有很多困惑……

快速阅读的步骤

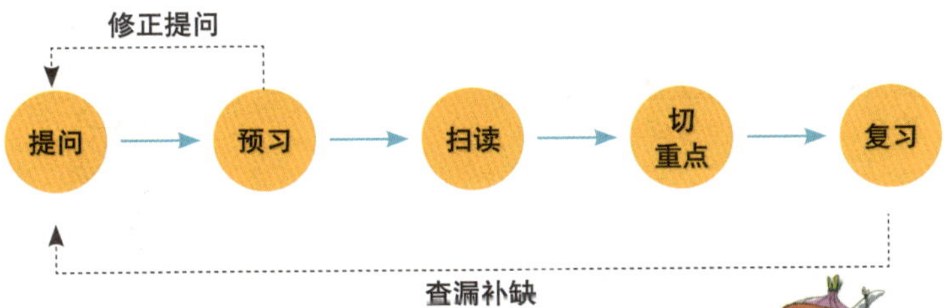

快速阅读其实很简单，就是要快速获取自己想要的内容。在这里我给读者朋友们分享一个口诀——“因概少切复”。这五个字分别代表快速阅读的五个关键步骤：提问、预习、扫读、切重点、复习。这五个步骤再配合九宫格笔记法能让我们快速地搞定一本书。

接下来的内容里，我会具体解释一下这五个步骤和工具的用法。

因——提问

之前我们讲过一个“三层脑”理论，在阅读时要有一个重要前提——让大脑感兴趣，觉得某本书值得读，大脑才会喜欢，从而愿意调动更多的精力来阅读。

出刀原因：为什么要读这本书？
配刀：我有读过同类的书吗？

所以快速阅读的第一步是要学会提问。只有学会提问，大脑才会对内容感兴趣，认为接下来要读的书与自身息息相关。在阅读之前要问问自己，我为什么要读这本书？我有没有读过类似的书？

阅读必须要调动起好奇心和兴趣。读书要有目的，如果你只是没有任何目的地随便翻几本书，大脑就无法参与阅读。如果你不给大脑任何信号，大脑会觉得“面前的这本书一点儿用都没有，这次的阅读只是随便翻翻而已，什么都不用记住”。

这里做一个小练习（见下图）。《系统之美》是一本比较难的书，读过的人估计不多。但即使是一本很难懂的书，我们也可以调动大脑来提出问题，例如，就这本书的封面来提问。即使没有读过这本书，

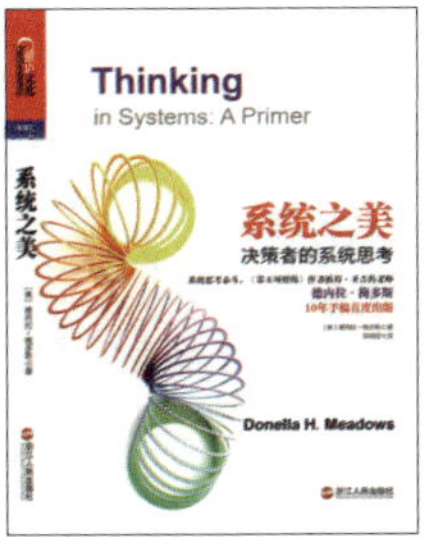

看书的封面，你能提出几个问题？

即使不知道什么叫“系统之美”，这个封面仍然会引发我们的好奇心：封面上为什么有一个彩色弹簧？为什么书名叫“系统之美”，是什么概念？决策者的思考和普通人的有什么区别？仅仅是看封面就可以提出这么多问题，这其中有些问题是大脑特别感兴趣的。

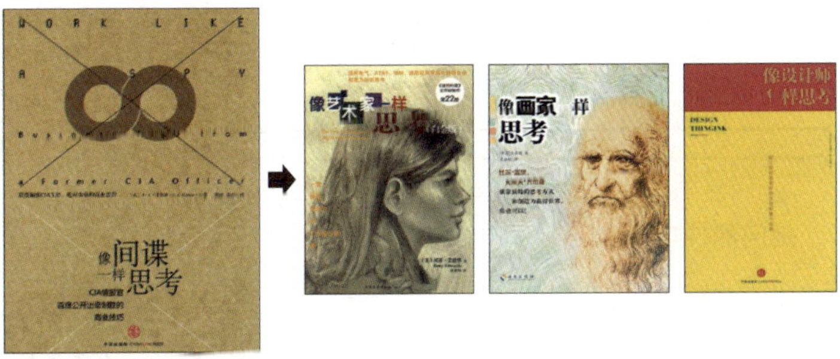

当我们拿起一本书的时候，可以提出非常多的问题。我最近在看的一本书叫作《像间谍一样思考》。看到这个书名，我立刻就想到了007、布拉德·皮特、汤姆·克鲁斯……之后我想到一些其他的书，好比《像艺术家一样思考》《像画家一样思考》《像设计师一样思考》《像程序员一样思考》……市面上有很多同类书，说明都是一些有关思维分析的图书。刚才我们就一本书提了很多问题，我们在提问的时候，就已经有了去阅读的动力。

同时也可以把读某本书的目的写下来，例如，读某本书的目的是为了成为一个什么样的角色；书里讲到了系统的信息收集，而我的工作是做知识管理，那我就能学习如何在平时的生活中去收集信息；我看了古典老师的《跃迁》，就想到了“联机学习”。那么，什么是联机学习？怎样进行联机学习？都要从这本书里找答案，这就是我读它的驱动力。

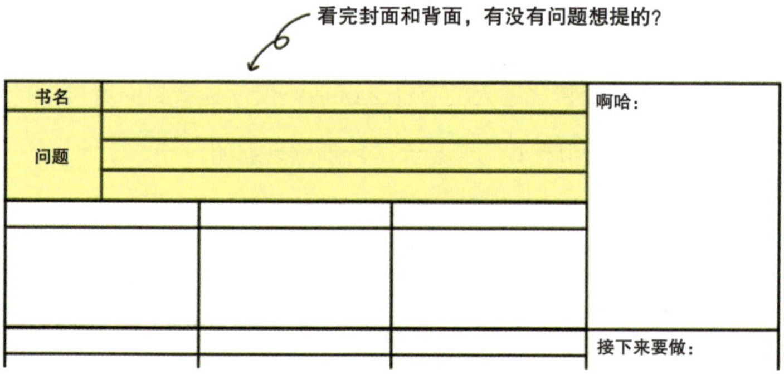

提问的技巧：

提问有两种方式：

①开放式提问，通常使用“什么”“如何”“为什么”“能不能”“愿不愿意”等词来发问，让求助者就有关问题、思想、情感给予详细的说明。

②封闭式提问，通常使用“是不是”“有没有”“可不可以”等词来让对方选择性回答。

在提问的时候，我们更倾向于提出开放性问题，因为读书的时候，我们不单单只是要知道是什么，我们更想知道为什么和如何做。

概——预习

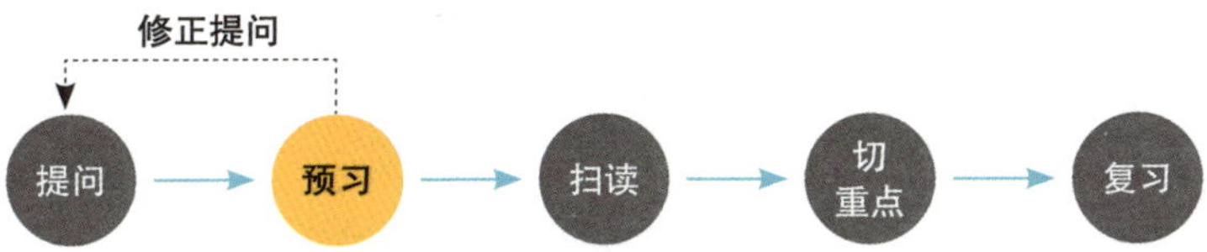

起到指路的作用
阅读序言和目录
留意关键词、关键章节

概——“预习”，是指通过阅读目录和序言来大致了解某本书的结构，包括作者为什么要写这本书，这本书里讲述的范围，哪些内容值得我们参考，哪些内容可以略过……

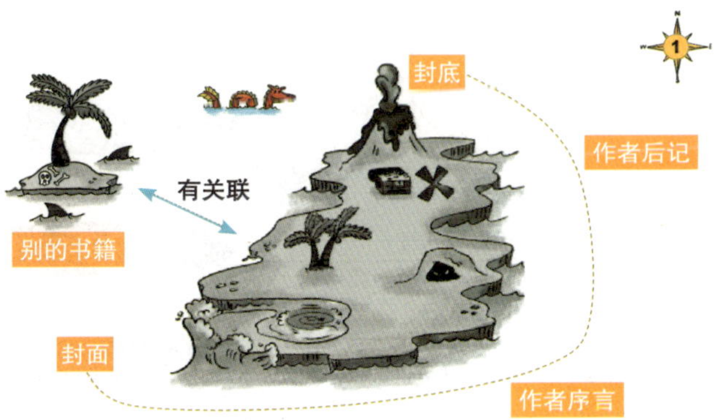

这张图片看起来有点儿像海盗去打劫的计划。海盗想打劫某个海岛的时候，他们并不知道海岛上有什么，所以为了了解海岛，最好的方式是围着这个海岛转一圈，侦察情况。

读书也是一样，浏览封面、封底、序言、后记，甚至看看这本书的作者有没有其他人推荐过，或者这本书是不是一个系列的套书……先了解这些内容，搞清状况，再开始阅读。

如果看了封面，不能确定某书是否值得一读，那就看完目录、序言、后记，了解一下这本书的大致内容以及这本书是否对自己有帮助，自己是否能看懂这本书等再进行下一步。就像海盗登陆别的海岛是一个道理，先围着海岛转一圈之后，感觉到海岛戒备森严，可能要花很多时间才能把这个岛攻打下来。

很多读者朋友多少都有过这样的体会：在预习的时候，不知道该持有什么目的，也没有相关的、有价值的提问。这时了解目录里是否有你需要的信息就尤为重要了。

预习的3种结果：

- ★ 这本书简单易懂，值得读；
- ★ 这本书值得读，但是有很多障碍；
- ★ 这本书不值得读。

在读目录时，可以勾画一些感兴趣的章节。一本书为了引起读者的注意，在目录的标题上就会挖空心思地引起读者的阅读欲望，所以看目录可以了解究竟哪些内容是重点，哪些值得我们阅读。还有就是通过序言来了解这本书是否值得读。一般来说，序言部分是作者跟读者深度沟通的地方，所以，作者会花非常多的心思去撰写，像导游一样告诉我们，整本书分为了哪几部分，每部分讲了什么，希望读者从中了解到什么。

有些读者可以用目录画一张思维导图。画思维导图是一个好习惯，但要注意如果用目录画思维导图，很可能画出来的还是目录，只不过是把作者提供的列表结构变成了图形结构，这种思维导图用处不大。因为无论我们是看目录还是看思维导图，我们能记住的都是目录，对书里的内容还是不了解，这张思维导图并没有转化成我们自己的。例如，某本书有10个章节，但是书里有4个章节是重点内容，那我们所绘制的思维导图的结构就有4个分支。

或者这本书我提了3个问题，针对这3个问题来画思维导图的主干，然后将寻找到的答案作为分支，完成一张思维导图。

以《系统之美》这本书为例。看了封面之后，很多人都会觉得这本书不容易读。但是我要告诉你的是，这本书是作者在大学教书的时候使用的教材。上课的时候，他只把前面三章打印出来给学生看。也只用这前三章的内容来讲解给学生听。这些“小秘密”作者全部写在了序言里。也就是说，只要看完序言，就可以了解到只需要看前三章就可以了解什么是系统思维。

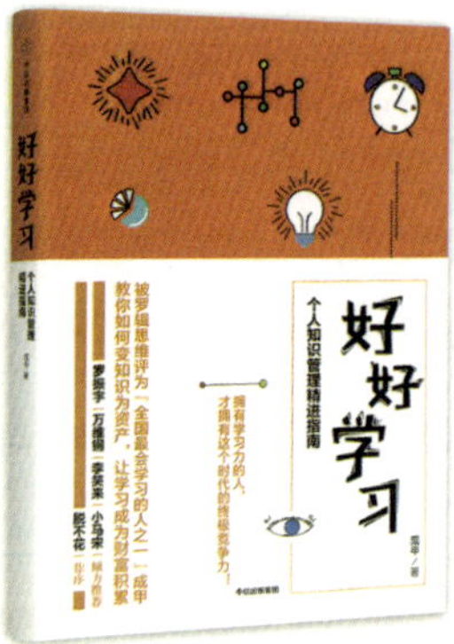

第一章　知识管理与认知优势

如何提升认知深度?

到底哪些知识值得学?

第二章　掌握临界知识的底层思维与方法

学习临界知识

提升学习能力的三个底层方法

持续提升学习能力的三个技巧

第三章　发现和应用自己的临界知识

如何发现自己的临界知识?

如何应用临界知识?

第四章　案例：核心临界知识及其应用

复利效应/概率论/黄金思维圈/进化论系统思考/二八法则/安全空间

再举一个例子，如成甲老师的《好好学习》。我们在读这本书之前，可能已经看过一些其他的学习类书，在读这本书时就可以挑着去读（上图右，红色字）——什么是认知深度、哪些知识需要学习、临界知识是什么等，通过目录就能对图书有一定的了解。

关于专业书的快速阅读也是如此。有很多学生在读教科书的时候，会问：这么专业的书该怎么读？方法是一样的——带着问题看目录。

我最近在读《创造性的采访》，这本书是媒体人和专业领域的人才需要看的书，我为什么要读这本书？因为我很好奇，好奇那些记者为什么能提出那么好的问题；好奇他们是怎么采访的，我也想学习如何提问、如何倾听，因此看这本书的时候，我只重点阅读关于“倾听”和“提问”这两部分的内容。

预习之后，要记得修正我们对于书本提出的问题哦。

少——扫读

秋风扫落叶

标记：段落的开头、结尾、图表、粗体字、关键词

快速阅读的第三个步骤是扫读——“秋风扫落叶式”的阅读。经过前两个步骤，我们大概可以确定某本书是否值得读下去，或者至少可以确定某本书里哪些内容是跟我们自己的问题相关。到了这个步骤，就是要在10分钟的时间里快速地把整本书翻一遍，翻书的同时标记出我们重点关注的段落的开头或结尾、图表、标题以及一些关键词。

我们关注什么，就会看到什么。当关注“提问”这个话题的时候，所有跟提问相关的书都会被我们关注到，无论是一本书、一篇文章还是别人的朋友圈提到了跟“提问”相关的书，我们就会自然而然地去关注。

我们在前面的内容中讲过注意力的问题，当我们用荧光笔标记一些东西时，我们的眼睛会自然而然地留意这些内容，以上图为例，加粗、字号很大的字母“L”、红色的字母“L”和贴了黄色标签的字母“T”，这3个非常容易辨认。

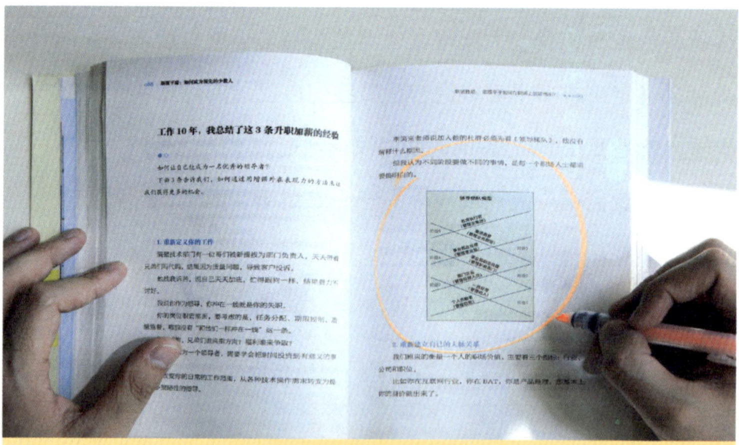

扫读的时候，用荧光笔标记重要的图

所以在扫读时，我们要拿着荧光笔标注重点内容，这样在下次阅读的时候，可以快速地找到这些重点内容。

扫读：关键词位置可以用便利贴突出

在扫读的时候，也可以用便利贴标注一些关键词和具体位置，为什么要这样做？假如一本书非常厚，我们很难从两三百页的书里快速找到某个关键词，如果我们在便利贴上写上关键词并贴到对应的页面，就可以快速定位，这样一张便条就像一本书的索引一样。

扫读的另一个方式是折页。假如我们手边没有便利贴，就可以把某一页折一下，虽然没有贴便条那么明显，但突出重点内容的效果是一样的。

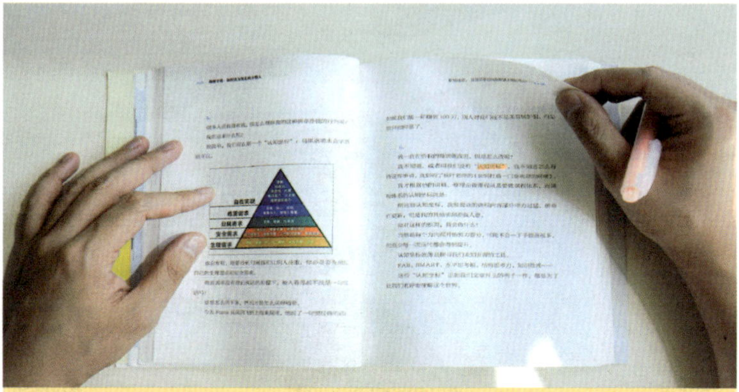

折页——特别重要的内容用折页方式重点突出

在扫读时千万不能长时间停在某一处内容上，做完标记就继续往下进行，把整本书都浏览一遍之后，再对重要的地方进行精读。如果长时间停留在某一处，并不是扫读，而是又变回了我们日常的慢速阅读方式。

要注意的是，对于一些实用类和工具类的书，只需标记关键句子或词语就可以了，因为这种书都是有结论的，所以要特别留意重点章节的开头和结尾、段落的开头和结尾。

如果扫读的过程中发生默念的情况怎么办？我们在扫读的时候，翻页和标记的速度很快，其实大脑来不及默念。如果发生了默念的情况，你可以尝试在心里发出“呜呜”的声音来干扰自己，这样一来，就很难再默念了。扫读的部分不需要去记忆，只要把那些看上去有价值的地方标记出来进行突出阅读就好，完成了这一点，也就完成了扫读的任务。

扫读

非虚构类的书，核心的信息约占20%，
另外80%是填充数字、细枝末节或者解释说明。
你必须思考应该怎么分配时间来阅读剩下的80%。

扫读中的做标记、贴便条、折书页是为了什么？在非虚构类的图书里，核心的信息大约占40%，剩下的60%都是细枝末节的内容，如一些案例、数据、解释说明、比喻、类比等。所以我们接下来要做的是，如何分配这些剩下来的时间。根据“二八法则”，一本书其实真正有用的信息，只需要花20%的时间就能获得，80%重要的信息集中在20%的内容里。

虚构类图书，说得通俗一点的就是小说类的图书，那么有人会问，小说能快速阅读吗？当然可以，但是你要想想：快速阅读小说的目的是什么？为什么要用快速阅读的方式去读一本小说？难道只是想了解一些剧情吗？

在扫读时，虽然我们在目录中标记了一些自己感兴趣的地方，但这只是让大脑记住这些章节或者关键词。为什么扫读要翻整本书？因为如果单凭目录判断重点内容，有些内容会被我们遗漏，所以用10分钟的时间把整本书快速扫读一遍，这样对整本书的结构就会有大概的了解，哪些地方该看，哪些地方不值得阅读，这时我们心里已经有谱儿了。

切——切重点

九宫格笔记
RIA便签读书法
概念卡片

注：RIA便签读书法来自“拆书帮”赵周老师的《这样读书就够了》。

第四步是“切”——切重点。切重点有很多方式，扫读时引起了大脑对这本书的阅读欲望，给予了我们一种莫名的成就感。大脑也会对这本书放松警惕，认为读这本书并不困难。

还是以古典老师的《跃迁》为例，书里有几个很关键的概念，并且在这本书里也提到了“系统思维”，而我之所以发现《系统之美》，就是因为古典老师在他的书里用了一整个章节来讲“系统思维”。

一本书里核心的概念不多，如果一个章节讲述一个概念，大概33个概念就可以成书。前面讲碎片阅读时，也讲到了概念的重要性，以及概念是怎样组成一本书的。如果要快速阅读一本书，实际就是把这本书里的核心概念搞清楚，其他的案例、故事等则居其次。

时间管理的关键词：

- ★ 价值观
- ★ 时间黑洞
- ★ 碎片时间（暗时间）
- ★ 时间感知度
- ★ 意志力|自控力
- ★ 拖延（拖拉一点也无妨）
- ★ 效率（并行和串联）
- ★ 番茄钟（专注其实很简单）
- ★ 吃青蛙（最重要的3~5件事）
- ★ 重要紧急四象限
- ★ 清单
- ★ 精力管理
- ★ 碎片时间
- ★ 未来导向和现在导向（延迟满足和即时反馈）
- ★ 习惯养成
- ★ GTD
- ★ 睡眠
- ★ 坚持（坚毅）
- ★ 早起
- ★ 晨间笔记|反思日志
- ★ 断舍离
- ★ 轻断食
- ★ 极简
- ★ 平衡
- ★ 计划
- ★ 执行
- ★ 任务分解
- ★ 驱动力
- ★ 时间成本

例如“时间管理”的关键词，上图是我统计的，如果把这些关于时间的关键词都搞清楚，那对于时间管理这个概念就可以说掌握得很全面了。只有了解概念、串联概念、懂得概念，才能掌握概念。这时如果做一个关于时间管理的分享活动，只需要把几个概念组装起来，按顺序排列好，就可以轻松完成这个分享。

写一本书大概需要33个概念，但不是说读一本书的时候也要把它的概念全部学会，而且有时一本书的概念不需要这么多。

例如，我在读《好好说话》时，书里的概念就没有那么多，我只需要搞清楚核心概念即可。当我们把关键词搞清楚时，就意味着知道了整本书的核心。

概念卡

心理学的目标	车日路模型

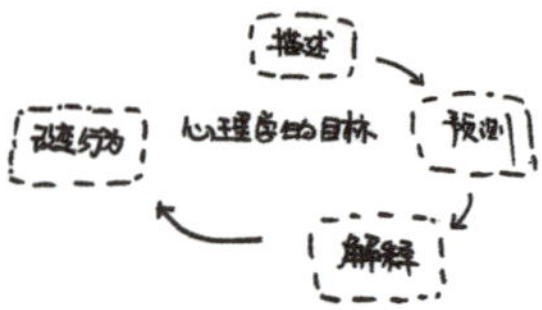

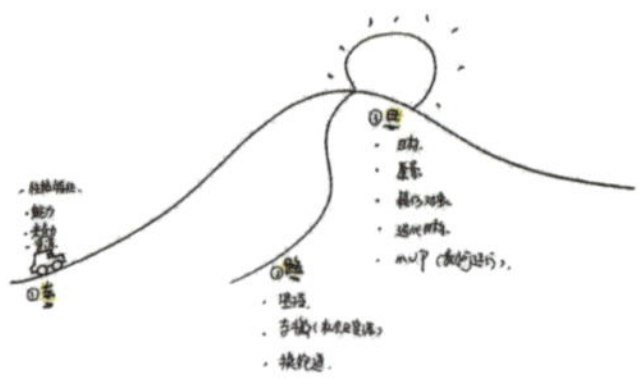

注：图片版权归“行动派”所有

这里有一个小问题：对于一本书来说，我们究竟要搞清楚多少个概念？难道只要贴一个便利贴或者做一个标记，重点去看这些内容就可以了吗？这些都是输入，如何才能输出？

所以我们要用到九宫格笔记，围绕着你的问题最多可以选择9个概念填入，你会怎么选择？

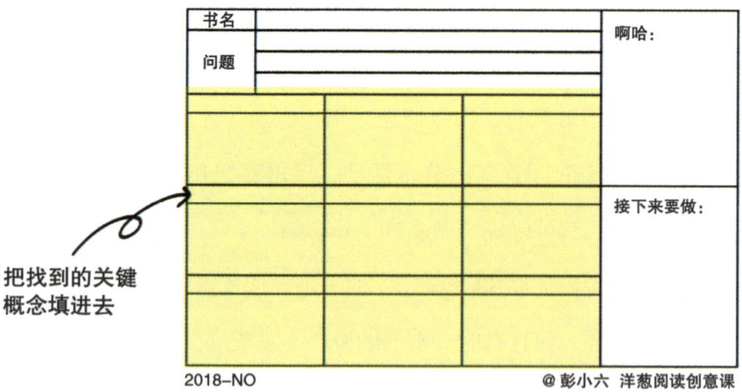

为什么是9个，不是16个或者其他的数字？因为如果要从一本书里搞清楚9个概念，对我们来说已经是超额完成任务。当然如果对自

己要求严格，画成十六宫格或者更多的格子也不是不可以。

对于九宫格笔记来说，只需要把9个关键词写进去，通过抄句子、抄片段、抄例子等方式，对每个关键词进行解释。做完这个工作之后，整本书提的3个问题，用这9个概念都能回答，同时也找到了让自己“啊哈”的点，也找到了一些延伸的书，列出了书单。一本书看上去重点就已经被找出来了，这是第一个工具。

在阅读重点章节和之前标记过的内容时，可以尝试用九宫格的方式，把这些内容全部列举出来。如果有一些片段写得特别好，也可以直接拍下来，做成一张张卡片，或者放到印象笔记里，标清楚这段话讲的主要内容是什么。用这种方式来阅读，一本书核心的重点就非常容易理解和总结了。

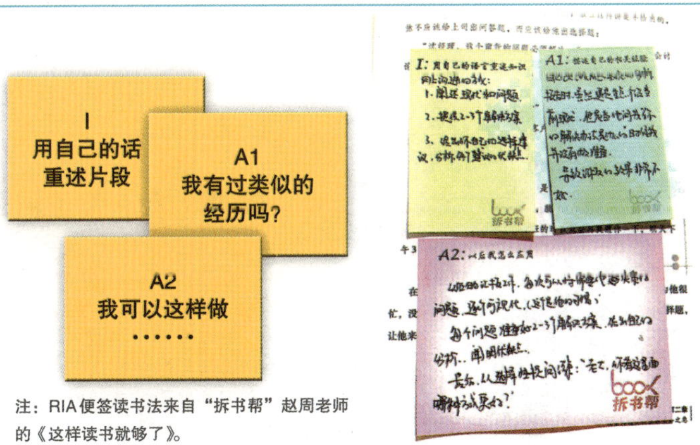

注：RIA便签读书法来自“拆书帮”赵周老师的《这样读书就够了》。

还有一个很有用的方法——RIA便签读书法，赵周老师在《这样读书就够了》里重点讲解了如何使用这个方法。

前面提到的九宫格笔记是把整本书的关键内容全部摘录，并用一张图展现出来；RIA 便签读书法则是将书里的片段用便利贴来呈现。二者一个是关注局部，一个是关注整体，但这两种方法又可以互相补充。如果你只关注一个点就用 RIA 便签读书法，如果想阅读整本书的核心观念就用九宫格。

这一切的工作都是为了理解概念，再尝试认知升级。理解概念是指要了解某个东西是什么意思，如果想真正提升认知，好比我们知道鱼是什么样子，但如果想要把它做成寿司，那可能需要更多的再加工技术了。

复——复习

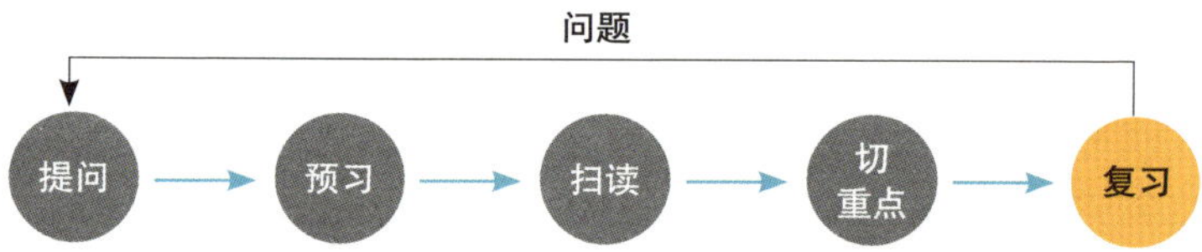

工具：印象笔记

①还有哪些问题要搞清？

②还有哪些书要深度研究？

③还要读几遍？

最后一步是复习。我们试着用一些工具，如印象笔记，帮助我们把九宫格图、知识卡片、RIA便签全部收集起来，让这些为我们所用。对于知识，我们仅限于“知道”是没有用的，学会如何使用知识，从而改变我们的想法和习惯，这才是知识真正的用处，也就是“认知升级”。从“知道”到“会用”这个过程，需要以“复习”这一步来结束。

完成了前面的步骤之后，我们可以通过印象笔记把之前的工作成果收集起来，然后问自己几个问题：哪些问题需要搞清楚？接下来还有哪些书需要阅读？这些书需要读几遍？快速阅读，前面的这几个步骤差不多用一个小时就够了，但一个小时真的能读懂一本书吗？

我们多次强调，好书至少要读两遍，但好书其实并不多。很多书的某个章节能获得我们需要的内容就足够了。在阅读的时候，如果用一个小时就完成前边的几个步骤，也就意味着这本书的核心内容我们了解得差不多了。这时如果再去读一本同类型的书，我们就会发现两本书里讲的内容会有很多重复的地方，因此我们的九宫格笔记会越做越少，这也是为什么我现在不怎么愿意去做九宫格笔记，而是会用RIA便签或者直接在书上做笔记，再或者是折页的方法。

我们再次强调，所有的好书都值得读两遍以上，这样才能完整地达到我们的阅读目的。

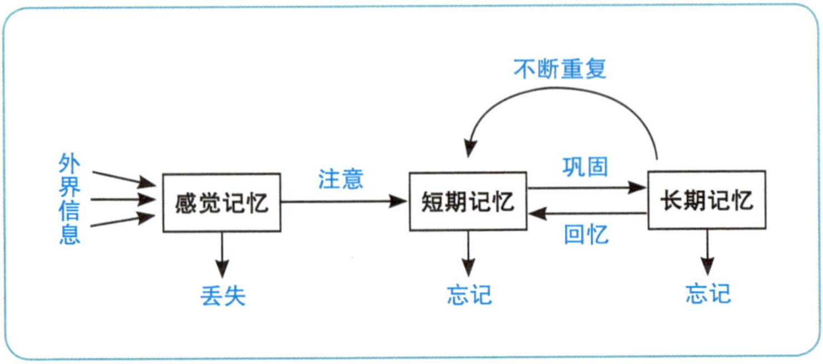

有些读者会问，按这样的步骤读完一本书之后，记不住内容怎么办？我在前面讲解记忆的内容里曾经提到过形成短期记忆和长期记忆的原因，如果想记住书里的内容——让短期记忆长期储存在大脑中，那么就需要用复习的方式来强化记忆。做完读书笔记之后，再去做九宫格、RIA便签，这时需要再看一遍书和之前做的笔记，才能够记得住这些“短期内容”。

分享是一个反复学习的过程。在大家一起学习时，在分享我们自己制作的知识卡片时，就是一个反复学习的过程。你分享得越多，学习的次数也就越多，这也就是为什么教授别人内容是一种最好的学习方式。

在复习的阶段，九宫格笔记中有两个区域需要填写：

一个是“啊哈（AHA）”区，另一个是“接下来要做（TODO）”区。

AHA区是记录那些读书时感受到快乐、欣喜的地方，这些地方就是我们大脑感兴趣的内容。读完某本书之后突然明白，为什么要做一些事情，如联机学习、在群里面写卡片等。阅读会直接影响我们的行为。

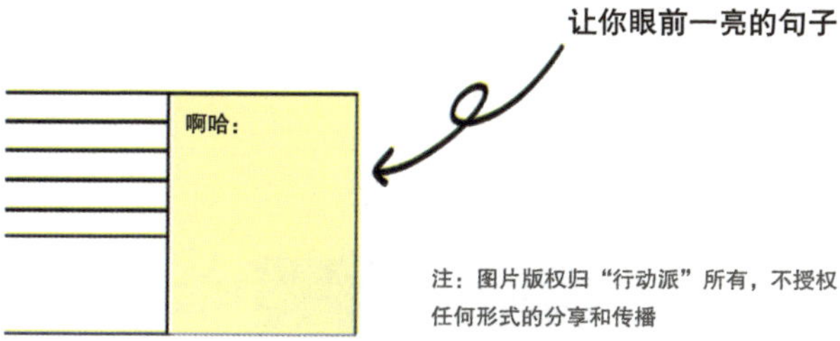

注：图片版权归“行动派”所有，不授权任何形式的分享和传播

TODO区，是用来写接下来可以怎么做。

既然是接下来要做的事，说明是一些行动目标，所以不能含糊其词，而是要具体化，SMART化。

比如，“用工匠思维代替激情思维，从而热爱自己的工作”，这样的TODO就很难执行；可以改成“给自己做一个技能梳理清单，看看自己接下来重点要做什么”就具体多了。

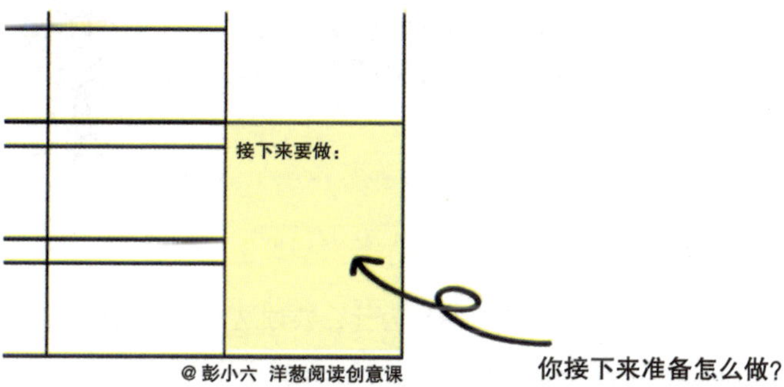

注：图片版权归“行动派”所有，不授权任何形式的分享和传播

TODO区还可以写下接下来可以读哪些延伸出来的书籍。

在读一本书的时候，我们可以尝试着把书单列出来，作为接下来进一步深度阅读的内容。我读《系统之美》这本书，是因为我看了古典老师的《跃迁》。读完这两本书后，我又找到了《第五项修炼》《U型理论》等书。

总结

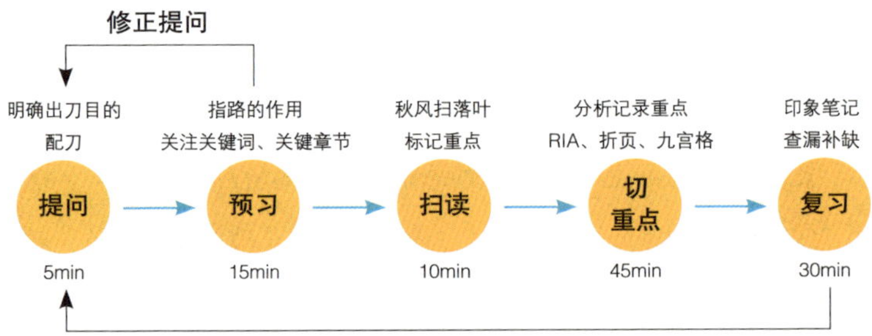

①还有哪些问题要搞清？
②还有哪些书要深度研究？
③还要读几遍？

注：RIA即RIA便签读书法，来自“拆书帮”赵周老师的《这样读书就够了》。

我们已经完整讲述了快速阅读的整个流程。

第一步是提问，读书前要明确为什么要读这本书，以及读这本书之前我们有没有了解过同类书，如果没有该怎么办？

第二步是预习，从目录和序言中，让作者这个导游告诉我们这本书是怎么写的，我们应该怎么读。

第三步是扫读，快速翻阅，标记重点关键片段。

第四步是重点去找和自己的问题有关联的部分，用九宫格来提取概念。

最后一步，就是复习。

那么如何用快速阅读来实现一天读完一本书呢？

除了切重点的部分需要花费一些整块的时间，其他部分都可以用零碎的时间来完成。

也就是说，你完全可以一本书在早上完成提问和预习，中午进行扫读，晚上再用一个小时切重点，第二天早上完成一次复习。

什么时候适合快速阅读呢？

如果我们在读某本书前没有任何了解，如同探索一个完全陌生的领域，那么快速阅读的方法无疑更加适合。先快速地读一遍，是否读懂了没有关系，因为后面会再读第二遍、第三遍。例如《系统之美》，我已经读了四遍，而且我还看了跟“系统思维”相关的书，最后发现还是《系统之美》这本书写得最好，所以更要反复地读。

Photo Reading
快速阅读和全脑学习法

“因概少切复”，虽然听上去很陌生，但这五个步骤简单且实用。提问——预习——扫读——切重点——复习，就完成了整个流程。即使是一个读书新手按照这个流程来做，两个小时或者三个小时，也能读完一本书。如果按这个进度推算，一天读完一本书也不是什么难事。

但是知道并不代表可以做到，如何成为一个高手呢？有一部电影叫作《倭寇的踪迹》，讲的是戚继光死了之后，戚继光的侍卫为了发扬戚将军的戚家刀法，去挑战江湖上的四大门派，想把戚家刀作为一个门派在江湖上发扬光大。由于这个侍卫使用的刀很像倭寇的倭刀，江湖各大门派以为倭寇又杀了回来，于是对这个侍卫围追堵截。最后这个侍卫跟江湖上排名第一的高手交锋，却输掉了对决。比武之前规定，输掉对决的一方就得退出江湖，从此不能让这个刀法出现在江湖之中。在侍卫心灰意懒地准备离开的时候，这个排名第一的高手跟他讲，他并没有输在刀法上，而是输在了时间和功夫上。这句话是什么意思？就是步骤学会了，但缺少时间的打磨和实践的磨炼。

我们有很多读者都能够驾轻就熟地做各种各样的分享，写各种各样的文章，正是因为他们花了工夫在阅读这件事上。初学一个东西的时候，依照步骤循规蹈矩会让我们感到焦躁，一旦熟练了之后，就会越来越快。练习快速阅读也是如此：先从简单的开始，不能刚上来就挑一本非常专业的书来做练习，而是应该挑一些可以轻松入门的文章或者是一些通用类的书，循序渐进。

在练习快速阅读的时候，也要注意不要过于追求阅读量，应该是先把步骤练好，再慢慢地提升阅读速度，最后追求阅读量。一般来说，只要坚持阅读一百天，就可以达到一天快速阅读一本书的水平。

切记，阅读一定不能着急，提升速度的前提是先把快速阅读的每步都做好，保证从一本书中得到自己想要的东西。在阅读里，速度是我们最不在意的一部分。

洋葱岛第三关攻略回顾

作业

洋葱剑士这么厉害，怎样才能拿到洋葱剑士的勋章？

挑战一下，你能否在一天之内读完一本书？如果可以的话，就开始去练习吧，先尝试着一天的阅读时间不要超过两个小时，否则会影响到你的学习和工作。在微博上发送带有“#洋葱阅读法#”的话题，和我们一起互动分享，当你实践了快速阅读的“因概少切复”的刀法，就可以得到洋葱剑士的勋章了。

互动

接下来大家有什么问题要问剑士的，我来替他回答。

Q1：碎片阅读和快速阅读有什么异同？

洋葱剑士：碎片阅读是我们从一篇文章里提取概念；而快速阅读是从一本书中去提取概念，实际上方法是一样的，都是先找出一个概念，然后把这个概念搞清楚再进行下一步，只不过载体不一样而已。

Q2：九宫格笔记和思维导图的关系是什么？

洋葱剑士：你会发现，九宫格笔记的作用是在罗列，而思维导图则重在呈现出其中的关系。九宫格笔记可以转换成思维导图——你提出的3个问题就是3个主干，然后分别用9个概念回答，至于每个概念又是什么就是第三级支干，以此类推。

Q3：电子书适合快速阅读吗？

洋葱剑士：电子书其实不太适合快速阅读，尤其是在扫读的步骤就会出现问题。因为电子书有它自己的响应速度，比如，你平时用Kindle看书都是一页一页地翻，而不能直接翻到某一页，如果你突然加速就很容易翻过去很多或者延迟，所以在扫读的步骤是不太适合的。

第四章

导航员：

卡片 笔记法

听完了剑士讲解的快速阅读，接下来我们要挑战的是第四个关卡——导航员。

导航员知道很多很多东西，曾经海贼王的很多航海数据信息都是他帮忙收集的。

场景导入：阅读笔记的相关概念

导航员的故事

导航员曾经和海贼王一起制订了航海的路线，记录了航海的数据，他每次都把信息收集汇总成自己的记录。

今天我们要跟他学习的正是如何做读书卡片和如何写读书笔记。

我们的征途是星辰和大海。你，准备好了吗？

做读书笔记

为什么要做读书笔记

- ★ 提醒自己留意
- ★ 关键概念理解
- ★ 关键概念的应用

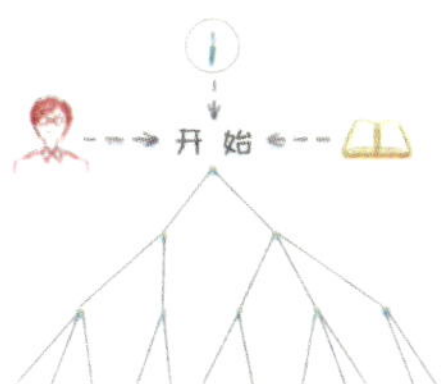

我们做笔记不单是为了记住，更多的是为了理解和应用，这就是做读书笔记的原因。

我们在做读书笔记的时候，同样是带着目的去阅读，帮助你达成读这本书的目的。而不是说，这本书里到处都是精华，那我把每个精华都做成笔记——不是这样的。

即便一本书里有很多精华，你也要明确知道哪些对你有用，并将这些有用的信息做成笔记——这是做笔记的一个非常重要的前提。

为什么要讲如何做读书笔记

阅读的进化

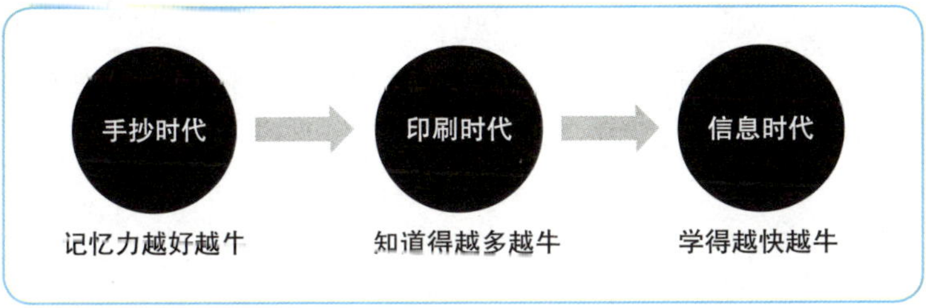

在一两千年前，西方的《圣经》还是用羊皮纸抄写的时候，如果有人能把《圣经》里的段落背下来，讲给世人听，那么那个人一定是地位非常显赫的人。所以在那个年代，谁要是记忆力好，那一定会受人尊崇。

随着印刷术的发展，出版业的繁荣，导致了不再是谁的记忆越好就越牛，而是谁的知识越广博越能成为一个厉害的人。

而到了现在，光知道得多、记住得多其实好像并没有太多的作用，我们需要更多地理解、更快地掌握一个知识点、更快地应对。所以，阅读的进化就不再是我们原来的只要求你去死记硬背，而是要求你接下来的这几个能力。

阅读的三大能力

阅读的能力从最开始的只需要记、读得多，变成了需要会搜索、有好奇心、独立思考。我之前还看过一本书叫《汽车是怎么跑起来的》，写得非常有意思，任何你觉得不可思议的领域，都会有相应的专业书来告诉你是怎么回事儿。所以在当下这个时代，知识是没有任何限制的。

但是对于我们来说，如何检索信息？如何找到你想要的内容？知识那么多，如何对每一类知识都有好奇心？如何培养独立思考的能力？

读书笔记的本质

读书笔记的本质，就是从三大能力——学会独立思考、拥有好奇心、拥有检索能力——延伸出来的，即在获得大量信息的过程中，提取其中的精华，并且理解这些内容，之后，这些内容能够被我们更方便地应用。读书笔记是一个非常有用的工具，它的本质就是我们这一章的关键，我们会教大家如何获取、如何理解、如何应用读书笔记，把它变成我们重要的输出工具和帮手。

关于精华，又有一个概念要提出来，就是知识晶体。这是古典老师在《超级个体》专栏里提到的概念。所谓的知识晶体就是一些结构性的东西，它不是一些碎片，而是一个框架、一个思维模型。这些思维模型决定了一个人的专业程度，决定了在你的脑子里到底能不能把碎片知识利用起来。关于知识晶体，待会儿还会给大家解释，但是现在先把这个概念告诉大家，知识晶体就是我们的思维模型、思维结构。

举个简单的例子，我想跟大家讲读书笔记，如果我没有任何知识晶体，我可能会东扯一句、西扯一句。比如最简单的“5W1H框架”：原因（Why）、事件（What）、地点（Where）、时间（When）、人员（Who）、方法（How）六个方面提出问题进行思考。

我们现在讲的内容就是把一个问题说清楚的过程，遇到不同的场景，可以使用不同的框架，这就是知识晶体。所以古典老师才说，一个人有多强大，实际上就看他到底积累了多少知识晶体。

如何制作读书笔记

标记

标记，我们前面的内容中讲过，就是我们要在书中做一些标记，这些标记是贴便利贴、用荧光笔标记、折页等，也就是说，要在书上做很多记号。

在做标记的时候，前面我们也介绍过“拆书帮”赵周老师在《这样读书就够了》里讲的RIA便签读书法等，其实这种方法就是在读到一些重要的段落的时候，除了拿笔在旁边写上一两句话，我们还可以通过把内容写在便利贴上的方式，来提醒自己这段讲了什么内容、让我想到了什么、以后应该如何运用，这是便签读书法的优势和特色。

收集

（1）为什么要收集

实际上，当你的读书笔记做好之后，要做的就是收集。为什么要做收集的工作？因为你只有做了收集，这些东西才能被你集中管理。在“整理学”上有一句话叫作：你看不到就会忘掉它，你看不到就用不到。

所以当你发现你根本就不知道这本书里有什么，在进行写作时你就很难用到它们。所以这就是很多人做了笔记，也画了思维导图，但是读完之后就会忘掉的原因，你根本就没有建立一套“笔记的系统”。

（2）收集什么

鲜活证据

高阶模型往往带来了高层次的**鲜活证据，扩展你的认知边界**，就好比用一个小小的实验向古人证明地球是圆的。

——阳志平

品牌三角形

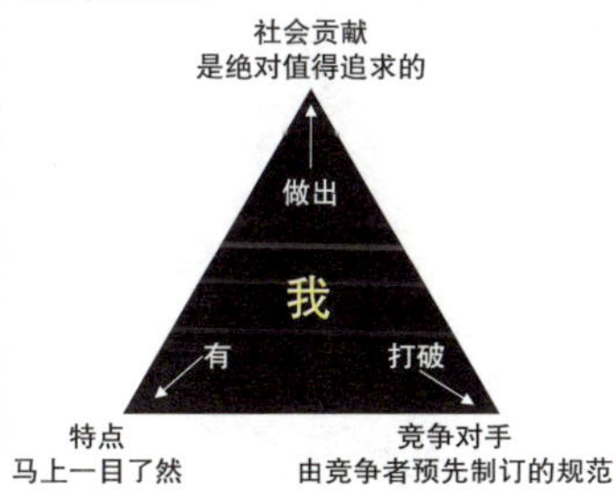

注：图片参考《我就是品牌》

有一个很有名的公众号叫作“开智学堂”，它的创始人阳志平老师曾经写过一篇文章，讲了一个概念叫作“**鲜活证据**”。

鲜活证据就是一些违反我们常识的概念，这些概念就是一些高阶的模型，超过了我们当前的认知，也会特别引起我们的好奇心和注意力。这些高阶的模型往往会带来高层次的鲜活证据，来扩展你的认知边界。就好像用一个很小的实验，就可以向古人证明地球是圆的、证明重力的存在是一样的。

在收集的时候，我们要明确，哪些是鲜活证据，哪些会让你眼前一亮，哪些会突然打破你的认知，让你明白“原来这个世界是这样的”“原来还可以这样理解”。这些就是鲜活证据，特别值得我们注意和收集。

“行动派”曾经做过一个个人品牌的课程，在这个课程中，它的创始人琦琦讲了很多理念，我也讲了很多方法，但是在做这个课之前让我特别触动的是，我曾看《我就是品牌》时，里面讲到的一个品牌三角形的模型。这样一个简单的概念，我第一眼看到的时候，就觉得很了不起，原来品牌的概念或者结构是这样的，我发现了一个以前我不知道怎么说、怎么理解的品牌，当我看到这个三角形时就突然明白了，原来做个人品牌是要关注三个方向，这个三角形瞬间就刷新了我的认知。

第四季《奇葩说》中，罗振宇最后做总结陈词的时候，提到了一个概念——裂痕。成长的裂痕到底是什么，那是光照进来的地方。讲到这个概念的时候，很多人觉得特别棒、特别触动人心。但我们作为一个学习者遇到了这种高阶模型时，第一个想到的应该是要把它收集起来，进一步去理解它讲的到底是什么意思。

整理自己的信息渠道

碎片阅读	系统阅读
知乎日报	书本
得到知识新闻	课程
公众号	项目
杂志	

我们每了解一些新的内容，视野也会随之开阔，但是这些新的内容不仅是存在于书里，它还存在于网络上、谈话中、朋友圈，以及其他的一切媒介中。一旦知道一个新概念，就意味着我们可以用这个新概念去重新理解世界。不管是通过碎片阅读还是系统阅读的方式，都可以发现跟这个概念相关的内容。我会在知乎日报、得到知识新闻、公众号、杂志里去获取和关注新信息，通过读书、参加课程、做项目去重新了解这些信息。

这些高阶模型到底有哪些呢？是否经常出现在我们的生活中？例如，当你读完古典老师的《你的生命有什么可能》，就会了解到“生涯四度”的概念是什么，之后，你就会发现生活中时时处处都与这四个维度有关。

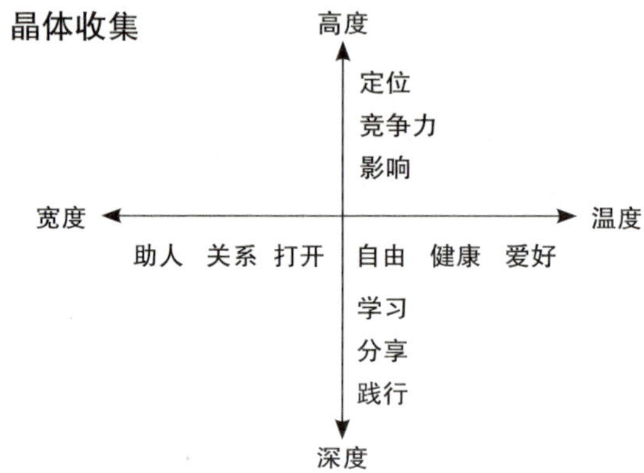

“生涯四度”的发展关键词 古典（2015）

在收集阶段，你需要去关注书中让我们恍然大悟、颠覆认知，甚至反常识的内容。收集这些内容的最好方式是当书中出现一些很重要的图片时，可以尝试做成读书卡片，或者拍下来存在云笔记中收集起来。其他的内容如书上的片段，路上看到的标语，杂志上看到的一段话、一张图片，这些都是信息，如果跟我们当前关注的内容相关，就可以把它们收集起来。每个知识晶体都能帮助我们更好地了解这个世界。

举个关于“兴趣”的例子。很多人找不到自己的兴趣所在，也不知道如何培养兴趣。如果理解了兴趣金字塔，就会发现培养兴趣、把兴趣变成职业等问题，统统都可以用这个金字塔来解决。

（3）如何收集

有一种收集方式叫康奈尔笔记。康奈尔笔记把一张纸分成了四个区域，第一个是标题区横放在最上面，用来记录要解决的问题。另外三个区域分别是：现状区，写下目前的状况；问题区，罗列出现状中出现的问题；策略区是针对现状和问题，在书上找出应对策略。

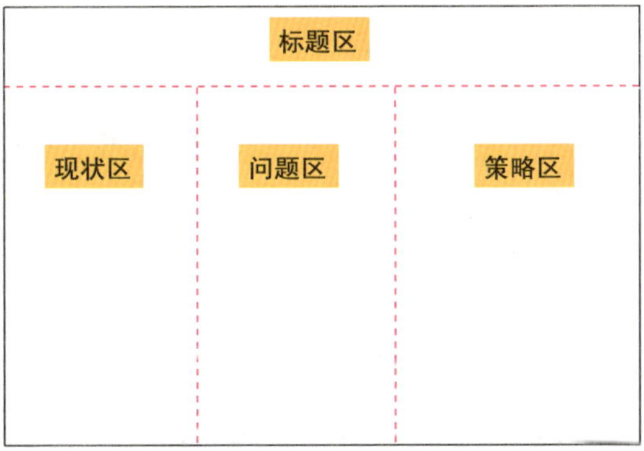

康奈尔笔记可以用在开会和读书的时候。例如，你对时间管理有问题，那你的现状是什么？有什么问题？你在某本书里能找到什么样的解决方案？这些内容都可以一一列举出来。

除康奈尔笔记法之外，还有其他的碎片收集工具，我在前边的内容中经常会提到印象笔记，这里介绍一下印象笔记和全能扫描王。

印象笔记是一个非常成熟的云笔记工具，它可以帮助我们收集微信公众号的内容、app中的内容（如知乎、得到），这些内容都可以直接导入到印象笔记中，还有一些网站上的信息也可以直接导入。还有一个软件叫“有道云笔记”，也可以做相同的工作。因为我经常用的是印象笔记，所以我在讲解的时候会以此为例。

使用“印象笔记”
可用来保存公众号文章或 / 资讯等
微信关注“我的印象笔记”公众号，注册 / 登录自己的账号，即可使用

全能扫描王也是一个我每天都在使用的工具，它可以把文字信息拍成图片，还有将特定内容提亮的功能，整理后的成品跟扫描仪扫描出来的一样，而且是一个免费工具。

全能扫描王跟印象笔记是相连的，我们的图片、作业、书上某个很好的段落等，都可以用全能扫描王拍下来，上传到印象笔记中。

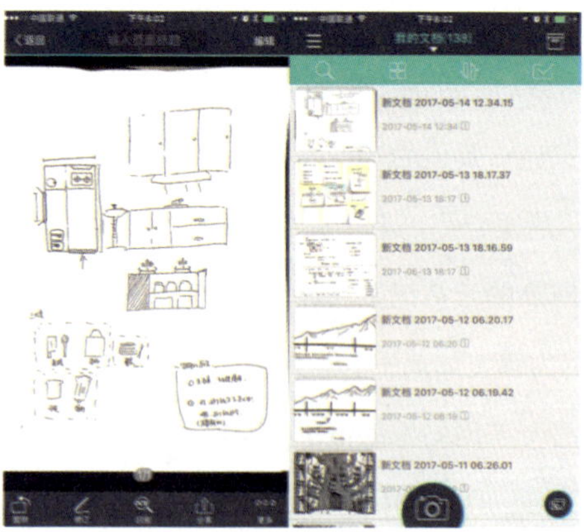

使用“全能扫描王”
来抓拍书中的片段

此外，还可以通过像“花瓣”这样的工具去收集一些其他人制作的与读书、知识相关的图片。新浪微博可以直接与“花瓣”相连，假如在微博上看到一些有价值的图片、他人做的读书笔记等，只要格式是图片，都可以用“花瓣”收集起来。“花瓣”是一个插件，可以安装在浏览器里直接保存，省时省力。

使用“花瓣”收集别人的读书笔记

还有一个软件是Pinterest，适合长期在国外生活的人使用。它的功能跟“花瓣”类似，但使用范围和能找到的图片比花瓣更广泛、更丰富。

整理

读书卡片

Anchor Chart

★ 将重点从书本中独立出来

★ 将独立出来的碎片变成知识

日课053科学版无为

万维钢 · 精英日课

孔子、老子、孟子、庄子，他们的最高目标都是达到无为，也就是not trying。但他们的路线非常不一样：

☆孔子主张以冷认知为主导，通过勤学苦练，把先王的智慧凝结在人的热认知之中，是try hard not to try；

☆老子主张直接关闭冷认知中，只保留“好的”热认知，是stop trying；

☆孟子主张人天生就有好的热认知，应该把这些好的热认知给培养壮大，而不必用冷认知强行建一套新的热认知系统，是try，but not too hard；

☆庄子跟着感觉走，事先不做任何对和错的区分，是forget about trying / not trying。

四派武功，只有你实践了，才能知道那到底是什么境界。正所谓运用之妙，存乎一心。

整理有很多方法，如读书卡片（把很多文字浓缩到一张卡片上），在国外很早就开始流行，就是把从书本中提炼出的碎片化重点变成系统的知识内容。例如，在“得到”中经常会有每天的知识卡片内容，文字很少但可以讲清楚一些小概念。现在很多读者在做笔记的时候已经开始尝试使用这种方式——把核心的观点用一张图呈现出来，帮助我们去理解和消化。

为什么要视觉化

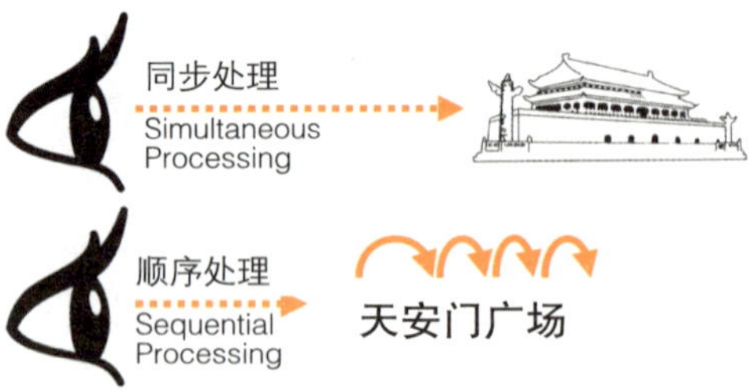

在整理读书笔记的时候，一般会使用视觉化的方式来处理。视觉化的方式能够同步处理不同的信息，当我们在看一张图的时候，可以快速地处理图上的所有内容，但如果是阅读一堆文字，就需要逐行逐字去理解，大脑处理图片和文字的过程是不一样的。

所以用简报或者图片的方式，能帮助我们在短时间里学习理解更多的内容，这也是推荐大家画思维导图的原因，越简洁清晰的图像，大脑处理起来就越快。

视觉卡片

除了文字版的卡片之外，我们还可以尝试做视觉卡片。例如上图，就是一位洋葱阅读的学生在读完一本书之后，对其中的某个章节、某个段落、某个概念进行总结后画出的图。

还有一种整理的方式是制作读书PPT。在微博上搜索话题“读书笔记PPT”，这是秋叶老师的团队负责的一个项目，他们做的工作就是把一本经典的书用PPT的方式呈现出来。一本书有那么多文字，用PPT的方式进行呈现，显得简洁明快。这是因为PPT结合了视觉化的内容，同时又可以把文字融合进去，整个画面非常简洁，很容易看明白。

建立个人“图书馆”

把读书卡片、读书PPT收集到笔记类应用里之后，接下来要做的就是处理这些内容。想象一下图书馆的场景：管理员为了方便检索总是会按照书的类别进行整理，并且不同的书架摆放不同种类的图书。我们整理读书笔记的时候也需要像图书馆管理员一样，分门别类地整理好收集到的这些内容。

关于如何管理读书卡片，李敖先生的阅读方法值得借鉴。曾经有人问李敖：“你平时看那么多书都能记住，是怎么做到的？”他很得意地说：“因为我的方法‘心狠手辣’。”

什么是“心狠手辣”？他用剪刀、美工刀等工具把书进行“分解”，把需要的某一页、某一段内容切割下来。如果正反两面都有需要的内容，就提前影印一页，或者一开始买两本书，把两本书都切开整理。这就是他的阅读方法。当然，我们不需要跟他一样，因为我们可以通过全能扫描王这种工具，很轻松地记录和存储大段文字，之后通过图片的剪切，代替了“分解”图书的过程。

收集完读书卡片之后，李敖会按照当前的研究领域进行分类。例如，研究时间管理，就可以按时间管理分类：拖延症、早起、精力管理、仪式、习惯等，再进一步逐层分类下去。按这样的分类方法，当我们想找某些资料的时候，就能快速地进行检索。

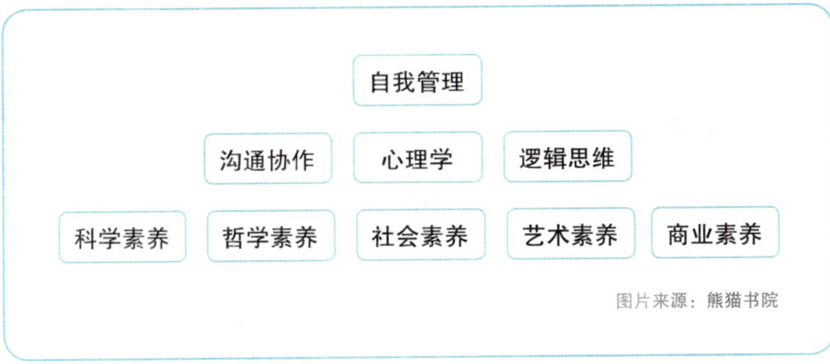

图片来源：熊猫书院

在整理和建立自己的图书馆时，一定要问自己，当下关注了哪些领域？无论我们关注的是个人管理、写作、哲学、科学等，都可以根据自己的兴趣爱好在云笔记中建立相应的目录。这就像我们给自己建立了一座新的图书馆，每个书架要放什么、贴什么分类的标签，根据这些标签，我们就可以知道一本书应该把它放在哪里。

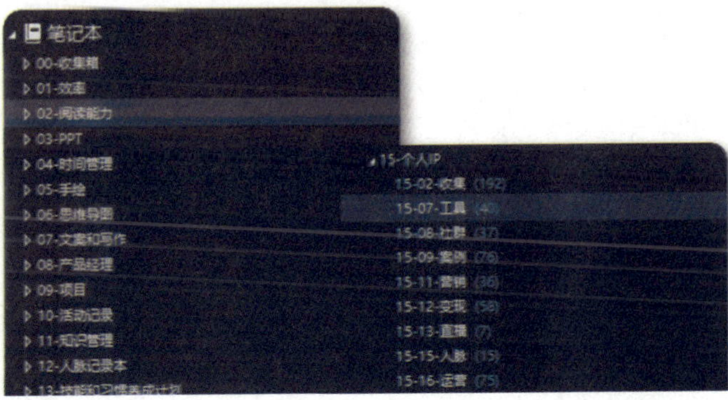

这是我的印象笔记里的内容：左边是一级目录，有阅读能力、效率、PPT、时间管理、手绘、思维导图、文案和写作……这些内容是我当下在关注或者在做的一些事情；右边是个人IP，这些内容是我做

个人品牌时所关注的事情。关注什么，就设立什么样的目录，然后再进行细化。如果做个人品牌就会关注营销、变现、直播、运营等内容，然后再进行细化、分类。印象笔记最多可以创建两级目录，可以细分很多正在收集的信息，基本上是够用的。

有人可能会遇到这种情况：我们拍到的一张图片既讲到了时间管理，又讲到了个人品牌和写作怎么办？第一种方法是复制一份放到另外一个目录下面；还有一种更简洁的方式是在云笔记中建立索引，也就是说你可以给一个资料贴上不同的标签。比如，某张图片既属于知识管理，又属于时间管理，那就给它贴上这两个标签。你在任何时候想起这个事情，都能检索到这张图片。

建立个人图书馆的真正目的在于快速记录和检索，让我们之前收集的内容显得条理清晰。建立了体系化的目录结构之后，我们能很快找到任何想要的东西。

以洋葱阅读法举例，阅读方法分为大脑原理、快速阅读、碎片阅读、主题阅读、精读等，这些类别都可以建立相应的目录。之后，就可以分门别类地将新收集的内容加入进去。如果没有体系化的目录，这些内容就会散落在各个地方——浏览器里、微信收藏里、手机相册里……显得乱七八糟，杂乱无章。在这个信息爆炸的时代，阅读已经不再要求我们记忆太多东西，记忆和检索等线性的能力完全可以交给人工智能完成，人类需要加强的能力是理解，是学会把知识进行判断和融合。

有人问李敖，李敖也是这样回答的，他说：“我不用记，我只要能找得到就行了。”只要在想要用的时候能用得上、在想用的时候找得到就行了。我家里有几百本书，建立这样一套系统之后，虽然有很多书我读过，但是对于其内容记忆模糊，在需要用到这些“模糊内容”的时候，打开个人图书馆很快就能找到这些信息。这就是读书笔记真正的威力。

输出

我们标记、收集、整理了一些信息，但是如果不输出，这些信息还只是存在硬盘里，或在书里而已。

输出有很多种方式：

输出自己的分享课

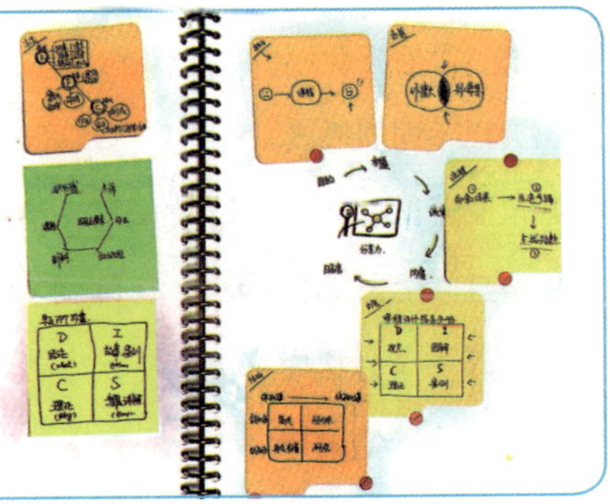

这一章讲的核心框架是标记——收集——整理——建立图书馆——输出——应用的过程。

输出读书笔记

最近刚刚看完《番茄工作法图解》，写一篇读书笔记来和大家分享，自己也正在慢慢尝试使用，大家也可以一起来。

番茄工作法概述

截图来源：http://www.shreec.com/cn/rest-detail_newsid_272.html

进行了这些思考、整理之后，在输出读书笔记时我们会发现不仅仅是在抄书上的内容，还会有自己的观点产出——结合知识晶体（来自图书、微信公众号、视频节目、韩剧桥段、剧照等）做内容的输出。输出会以不同的形式呈现如分享、写文章、聚会时的讨论等，这些都是知识层面和认知不断升级的方式。

一旦你学会从书中整理素材制作读书卡片，就要坚持每天做读书卡片。读书卡片比文章更好写，写文章需要准备很多内容，而读书卡片的制作非常简单。不要小看读书卡片，如果每天能搞清楚一个概念，通过一年的积累，我们可以把关注的某个领域所有遇到的问题、不清楚的内容全部解释清楚，我们的专业度也可以提升到一个新的层次。

应用

讲到这里，我们会发现制作读书笔记的真正目的是把书中最精华的东西提炼出来，进行理解和应用。这里的主要内容是读书笔记的应用。我们提炼制作的读书笔记要转化为我们的行动就要运用到工作和生活中。

《学习的本质》一书中曾经讲到，如果我们想要真正理解某个知识，必须经历一些知识创作和传播的情景，否则很难理解该内容。很多人看到一篇好的微信公众号文章会顺手转发，之前我给过大家建议，在转发的时候要写一段评论，分析一下这篇文章好在哪里，自己的观点是什么。一旦加入了我们自己的观点，这个转发的动作就成了知识创造和传播的情景，意味着我们已经开始准备理解，或者已经理解了这个内容。

制作概念卡片的核心观点是明确概念内容。一张卡片其实解决的就是一个问题，这个问题就是这个概念是什么。

例如，关于拖延症的卡片，内容应该包括其核心，即拖延症的概念。解释清楚——理解——行动，是卡片的应用流程。举几个例子：理解了"标题"的概念后，进而就知道了写标题的多个方法；知道了早起的概念后，进而就知道了可以为"早起"去设计多种实践的方式。在这个学习的时代，阅读不仅是学方法、学概念、学模型，更应该学习的是理解概念，之后基于概念自己设计实践方法。

例如，上文讲到的康奈尔笔记以及其他的笔记方法，了解了之后，接下来要做各种尝试，听课、开会、复习、做读书笔记时……在这些不同的情景下都要去尝试使用，以达到实践的目的。

就我个人而言，我的包里会放本、笔还有便利贴，消耗得非常快。因为在我做知识卡片的过程中，在我从书里整理卡片的过程中，我都是在不断地尝试、不断地输出。在做读书笔记的时候，不应该是书上有什么就摘抄什么，而是要把书上的内容变成自己的知识，这样才能体现读书笔记真正的价值和作用。

使用读书笔记理解了书中某一概念之后，接下来要做的事就是去理解概念之间的关系。在我的办公室里有一面墙，这面墙被划分成很多块，代表各个领域，每个领域都有很多概念。个人品牌有很多概念、写作有很多概念、阅读有很多概念、时间管理有很多概念……每个概念就用一张便利贴，上面只写了一个词组。理解了每个词组之后，就可以去探究这些词组之间的关系，比如早起与精力管理联系起来的结果等。当我们把词与词、概念与概念之间关联起来讨论，这些内容就变成了我们的知识体系。

知识和知识之间产生链接（thinking map）

那么，怎么才能让这些概念之间产生关联呢？——用thinking map的八种图形来不断糅合，这是一个非常好玩儿、非常有意思的过程，也是平时很多读者没有做的一件事情。这就是高手和新手之间的差别，不是在功夫上，而是在执行上。

洋葱岛第四关攻略回顾

总结

这个章节讲的是读书笔记，好像跟我们想象中的读书笔记不太一样，我们原来以为读书笔记是把内容抄下来，或者画成一张思维导图就结束了。但是，读书笔记除了把内容呈现出来以外，我们还要去实践和应用。所以我们今天讲到的洋葱卡片笔记法的流程是这样的：

先做标记，用力所能及的方式去做各种标记；之后我们要去收集，要打开自己的思路，看看碎片化的收集和整体化的收集到底都有哪些渠道；然后我们要进行整理，建立私人图书馆；下一步是做输出和转化；最后是尝试去做应用和各种实践。最后，从书上的卡片变成我们输出自己的卡片。

互动

接下来大家有什么问题要问导航员的，我来替他回答。

Q1：像《水浒传》《三国演义》、“四书五经”之类的书，也能用洋葱阅读法吗？

导航员：当然可以。虽然我前面只讲了碎片阅读和快速阅读，但是像《水浒传》《三国演义》、“四书五经”这类书，我们会用到后面的精读和主题阅读的内容。当然也根据你自己的情况进行，就是选择读这本书的目的是什么。我建议大家在问这种问题的时候，先告诉我你读这本书的目的是什么，然后再来说明你读这本书的困惑是什么，这样会比较好一点。

Q2：不同的书适合什么样的阅读方法？

导航员：这个问题很难回答，我只能说不同的书适合不同的阅读方法，这好像是一句废话，但这恰恰是阅读的本质。当我们阅读任何书的时候，我们都是以自己能够理解的程度，以及在自己可以利用的时间里进行阅读，这才是主动阅读的方式。你要问问自己当下的状态，你应该在不同的目的、不同的时间以不同的阅读方法去阅读就好了。我们已经讲过了快速阅读和碎片阅读，后面我们还会讲主题阅读和深度阅读，希望后面两节课在你遇到一些难啃的书的时候，能有更好的方法。

Q3：在被外界打扰无法专注阅读的时候，我如何重新保持专注？

导航员：我一般会定一个番茄钟，如果有一本很难读懂的书，而我又不得不去读的时候，我就会用番茄钟的方式来强制自己进入专注状态。那如果很喜欢这本书，我一般会忘掉时间。因为你读这本书的时候是很喜欢的，你不在意会花多长时间。就像你看一部电影，或者追一部剧的时候，你会忘掉时间，直到拼命追完为止。所以在读书的时候，如果这件事情很难，让你感到很别扭，甚至强迫自己的话，我觉得你要先问问自己读这本书的初心是什么。如果你是强制自己必须要读，那就用番茄钟这种方式来帮助自己，如果是很喜欢，那我觉得就没有这样的问题了。

第五章

机械师：主题阅读

听完了导航员讲解的碎片阅读，接下来我们要挑战的是第五个关卡——机械师。

机械师非常厉害，她可以教我们学会如何建造一艘属于自己的海盗船，学会主题阅读。

场景导入：主题阅读的方式

机械师的故事

我们需要一艘属于自己也适合自己的战船，因为我们的征途是一望无际的星辰和大海。造船需要什么？需要去搭建框架、寻找素材——主题阅读。

机械师非常厉害，她可以教会我们如何同时阅读10本、20本书，如何快速地把一个领域的知识体系建立起来。

主题阅读的方式

在互联网上我们经常能听到每年能读几百本书的大神。这个速度听起来非常厉害，但是他们究竟用了什么方法来完成这一目标却很少有人关注。

这章的主要内容就是解析他们的阅读方法，也是我们经常讲的“主题式阅读”。这是一种可以同时读3～4本书的阅读法，在熟练后甚至可以同时读30～40本。说得再简单一些，主题阅读是围绕着某个主题，在一定时间内快速阅读多本书的方法。

讲主题阅读之前，我们先回忆一下“快速阅读”的方法——“因概少切复”，即提问——预习——扫读——切重点——复习。我们还学习了碎片阅读、快速阅读等。

可是从碎片阅读的方式和方法来看，一天读一本书、每天用碎片时间去读微信公众号文章，效率还是太低了。如果说快速阅读和碎片阅读的“武器”是刀和剑，那么主题阅读则是机关枪加火箭炮，它们并不是一个量级。

接下来我会教给大家三种主题阅读的方式——“碎弹”“爆破弹”“核弹”。“碎弹”就是碎片化的主题阅读，“爆破弹”就是书籍式主题阅读，而“核弹”则是海陆空、全方位的主题阅读。在接下来的内容里，我们将一一为大家讲解这三种主题阅读方式。

碎弹：碎片化主题阅读

很多微信公众号的作者会围绕时下一些热门话题来生产内容。如果想要了解某个话题，可以用碎片化主题阅读法。

先把跟某个热门话题相关的微信公众号文章全部读一遍，用印象笔记把需要的文章收集起来。这样做的好处在于成体系化、清单化，便于我们在短时间之内搞清楚如何建立自己的知识体系。

想知道大神们的阅读法和学习法是什么吗？想知道罗振宇是怎么阅读的、王石是怎么学习的、俞敏洪是怎么思考的……他们都说自己每天在阅读，那么他们用的究竟是什么方法？带着这些好奇，去大规模地收集微信公众号文章，就可以得到我们想要的答案。

这方面的话题已经有很多文章详细地总结过，甚至是他们本人也分享过很多阅读方法，但由于他们的工作不是教大家阅读，我们不容易看到这些内容。通过公众号搜索的方式，可以找到相关的文章。

碎片化主题阅读的方式就是在一个时间段内，围绕某个主题收集到碎片化的文章，然后进行集中式的阅读。如果我们想写一篇文章，或者做一节微课的分享，都可以通过碎片化主题阅读的方式尽可能多地收集同一个主题下的公众号文章。例如，收集了20篇微信公众号文章进行集中式的阅读，就能搞明白建立知识体系的方法。

碎片化主题阅读法是一个很实用的方法，我们只需要一两个小时就可以完成。碎片化主题阅读需要用到的工具是“即刻”app和云笔记。“即刻”的用途是订阅我们关注的文章。只要某个大神写了跟“阅读”相关的内容，我们就可以收到通知。所以，这是一个非常好的主题订阅式工具。第二个工具是云笔记，通过云笔记的方式，我们可以把信息收集、归类到其中，方便我们进行集中式的阅读。

我自己也是如此，我会把一些跟阅读相关的公众号文章加入特别关注，当我研究某个主题的时候，会刻意收集当下公众号的文章，用来填充素材库。这样做可以保证当我讲某个主题时，或者写一篇公众号文章时，已经收集到了足够多的材料。例如，我想写一篇关于阅读的文章，就可以收集对于阅读的误区，以及基于这些误区理解的相关内容，再加工后变成自己的东西。这两个工具的灵感来自曹将，他是我很好的朋友，大家可以关注他的公众号“曹将PPTao”，他经常在公众号里分享各种各样有用的工具。

爆破弹：书籍式主题阅读

“爆破弹”指的是对书籍进行主题式阅读。比如，我想去了解习惯的养成，就会花一天的时间把跟“习惯”有关的内容整理为一个整体，加工后变成自己的一节微课，这节微课的名字叫作“如何养成一个好习惯”。在用书本进行主题阅读的时候，第一个步骤是获取基础的认知，也就是说知道想要了解的某个事物的基础概念。

例如，什么叫作“故事力”？可能很多人都不知道这个概念，也可能对于这个概念比较模糊，知识不成系统。这时可以通过一些app或者网络搜索，再或者一些入门级的书去学习“故事力”的概念。

在研究某个主题的时候，前面讲过的碎片阅读会引导我们找到很多概念卡片，其实这些概念卡片就是一个个主题阅读的源头。当我们收集到这样一张张卡片后，就可以基于这些卡片去了解更多的东西。通过知乎、果壳、百度等一系列的渠道来分析、解释、整理某个事物的基础概念。

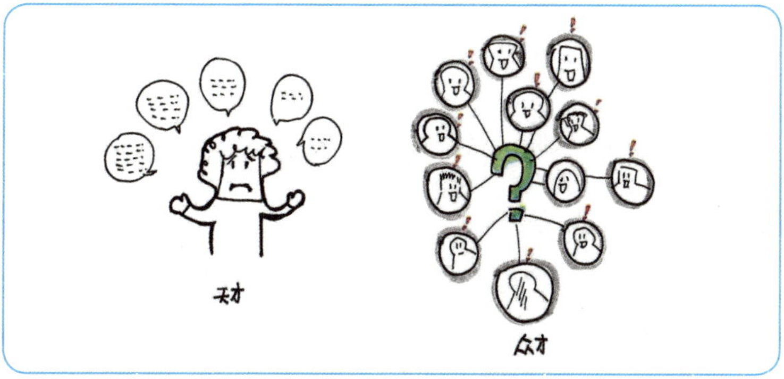

到目前为止，对于书的主题阅读法是我用得最多的一种方式。一个人的想法毕竟是有限的，很多时候需要同时研究不同专家针对某个问题的具体意见。但除非是大型论坛或者企业峰会，否则请很多大神坐在一起聊某个话题，并不是一件容易的事。尤其是我们自己研究一些小的主题时，我们没有办法同时向很多大师学习请教，这时最好的方式就是通过阅读他们的书、了解他们对于某个话题的不同观点来学习。

例如一位女士想要学习时间管理，想要了解如何平衡工作与家人和孩子之间的关系，这时可以去找几本有代表性的、女性作者撰写的、与时间管理相关的书，好比Angie老师的作品《学习力：如何成为一个有价值的知识变现者》，还有《吉田医生哈佛求学记》等。当找到某几位女性作家或者女性时间管理达人的作品之后，就可以通过她们对于时间的理解向她们询问如何管理自己的时间，同时还可以了解她们如何平衡生活、家人和工作之间的关系。阅读这几本书，相当于同时请了几位老师做指导。

建立感性认知

主题阅读的第一个步骤——建立感性的认知。感性认知就是泛泛的了解。

当我们想阅读一个新领域的内容之前，可以先花两个小时做泛阅读。

泛阅读就是了解某个主题“是什么”，即对某个主题的基本概念有一个了解，建立基本认知。建立了认知框架后，再来看该话题时，很容易知道内容大概分为几个部分。

那么有哪些渠道可以让我们建立初级印象、打好基础呢？我们可以通过一些最新的微信公众号文章，了解某个领域的大致范围，及其包含什么内容。搜狗有一个非常强大的功能——搜索公众号文章，这个功能对于我们进行主题阅读非常有帮助。

我最喜欢的信息来源是知乎，因为知乎上的回答更加理性和更有学术价值，知乎答主在回答问题时会引用各种权威的理论、文献、实验和案例来说明问题，用详尽的资料和理论来说服受众。

建立书单

跟之前女性朋友寻找时间管理内容的案例一样，这一步是建立我们自己的书单。

如何知道该去哪儿找书、该去读哪些书？很多读者朋友经常会问我这样的问题："小六，你给我开一个书单吧。""小六你给我推荐一些书吧。"实际上我给大家推荐的书往往只是基于我目前的经验和认知下觉得好的书，并不一定对每个人都适合，可能要么太难要么太容易。所以我建议大家尝试自己来建立书单，求人不如求己，自己动手丰衣足食。

如何建立书单可以通过以下这几个途径：

①通过豆瓣读书阅读一些书评，例如想了解时间管理，可以在豆瓣图书搜索时间管理的相关内容，能找到很多时间管理的书，然后依据评分和评论来选择，一般来说8分以上的图书内容基本上不会太差。

②百度。在百度里输入"时间管理"，加一个空格之后输入"书单"，就能找到很多其他人在网上发布的关于时间管理的书单了。

③还有很多大神拥有自己的平台，如门户网站、公众号和微博等。他们在这些平台上会经常发书单，像我这种闲不住的、表现欲望特别强的人，就会经常在网上发布自己读过的书。当然并不是读过的每本书都会发出来，内容好的图书才值得我们推荐，可能读100本书，发出来的书单里只有20本。某位大神经过挑选，已经帮助我们过滤了一遍，所以这份20本书的书单非常有参考价值。

④书的内部链接。很多作者会在他们自己的文章里提到一些其他书，例如成甲老师的《好好学习》，古典老师的《跃迁》，这两本书里给我们列了很长的书单，告诉我们在写这些书的时候作者参考了

哪些内容，可以帮助我们建立起相应的书单。可以从一本书里找到很多书，而这些书或多或少会围绕着相同的话题分析总结，这些书就变成未来我们书单里的内容。

学会建立书单后，我们可以一本一本扩充书单。有的书比较老，买不到可以去图书馆借，如果是新书的话可以直接去下单，趁着电商活动日一次性买很多本图书。

主题阅读法非常适合囤书，因为书是围绕主题选择的，一个主题可以用很多次，这次把书找来围绕A话题研究，下次这些主题的书可以打散研究B话题。进行阅读法的主题阅读时，我把市面上能找到的阅读类书籍都买来进行研究。而且在书单建立之后，只要市面上出现一本跟阅读相关的新书，就可以快速地识别然后把它买下来，这样的话我们的主题书单永远都是最新的，永远都是最全的。

一个小型的书单可能包含三五本书，一个大型的书单会包含非常非常多的书，比如想做一个训练营、想做一个100天的活动，需要的图书会非常多。这么多书，如果按照之前的阅读方法，得需要一年甚至更长的时间才能读完，这样做太耗费时间了。那么怎么办？在下面的内容中，我为大家提出解决办法。

预习：扫读

这么多书，先速读

在主题阅读的模式下，某个主题领域里的书太多读不完，就可以用快速阅读中扫读的办法来破解。拿到书后，快速地把目录和序言翻一遍，确定每本书里跟主题相关的内容。同样，在快速扫读一遍的过程中，确定书的哪个部分是与主题和待解决的问题相关的内容。

通过快速阅读的前几个步骤，不需要深度地去读每本书，只需要看目录、看序言，然后扫一遍，就能大概知道书里哪些内容是要选用的、哪些是跟主题不契合的、哪些内容文不对题、哪些是标题党、哪些内容的价值并不高……这样经过20～30本之后，就可以淘汰一大部分图书了。

做上边快速阅读的工作并不需要买书，只需要去豆瓣或者当当、亚马逊的详情页里的目录看一看，就能知道个七七八八，了解这本书到底是否适用了。详情页有非常好的一个特点，每本书的目录和序言都会在图书页面上全部呈现，就算不买书，我们也可以知道书的大致内容。

采用这样的方式，假如书单里最初列了30本书，会陆续淘汰掉10本，剩下的20本每本书也已经大致翻过一遍，我们可以大概知道有多少内容符合当前的主题阅读。

建立书单之后的第二步是进行快速阅读的“扫读”部分，之前我们讲解过，扫读的第一步是看目录，之后需要做标记。在主题阅读时，最好借助便利贴来做标记。注意，这时主题阅读的扫读不再是去提问，而是根据整个主题阅读的内容进行相关性扫读。

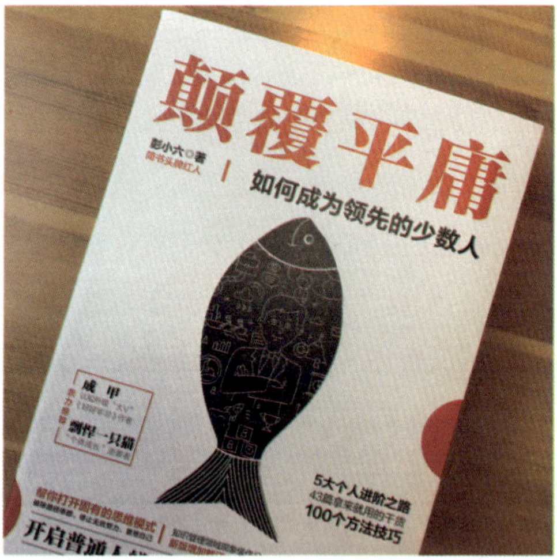

例如某本书有10个章节，但只有一个章节提到了时间管理，这时只需要把该章节在整本书里标记出来就可以，不需要标记得特别详细，不需要把每个图表都标记出来。只需要知道，要想解决主题阅读的问题，可以去看这本书的这个章节。好比李笑来老师的《把时间当作朋友》，这本书提到的跟时间相关的内容可能只有一个章节，只需要把那个章节用一张便利贴给标记出来，后面如果要去找答案，去这一章找就可以。主题阅读的“扫读”比之前快速阅读的“扫读”更加简略。

做完扫读的工作后，书单里的书被我们贴了很多标签，一本书可能有三个地方贴了便利贴，一本书可能一个地方都没有……这些贴便利贴的地方，就是我们的答案所在。

确定框架

建立框架是确定对于某个主题有哪些最想了解的问题。

在确定主题的时候，不要选得太宽泛。比如心理学的主题有很多，认知心理学、行为心理学、社会心理学、决策心理学……我们不能笼统地把心理学列为研究主题，而是要明确地选择一个细分类别。再比如，沟通类的内容是与工作的沟通，还是向上或者向下的沟通、同级沟通，抑或是亲密关系间的沟通；理财方面的内容到底是投资型的理财还是家庭式的理财，也要区分出来。所以，主题一定要尽可能具体一点。

主题越具体，越容易建立框架。一旦明确了具体的主题，接下来要确定的是跟主题相关的问题。比如想要了解职业规划，应该了解职业规划的哪些方面？这个时候至少要问自己三到五个问题，这三到五个问题是更具体的方向，也就是接下来主题阅读要解决的问题。

无论是最开始讲的碎片阅读还是后来的快速阅读，都需要留意和收集那些框架性的内容，因为框架学习才是成人学习的基础，如果只是收集碎片，会导致我们一直停留在低水平的学习状态。只有不断去识别框架，认识新的框架，才能够不断地提高自己。

例如，很多人都想做个人品牌，他们都觉得下班后可以尝试一些新的东西；就算不想做个人品牌，但是想知道如何提升自己在职场中的核心竞争力；作为一个母亲想重回职场，应该怎么做……这些问题如果只是随便想想、没有框架地进行思考，思绪会像没头苍蝇一样到处乱飞，但如果利用前辈已经总结出的框架，就能够快速地思考出答案。比如当我们要思考接下来做什么，竞争力、职场能力、职场规划是什么的时候，就可以用“商业模式画布”来解决。

个人商业模式画布

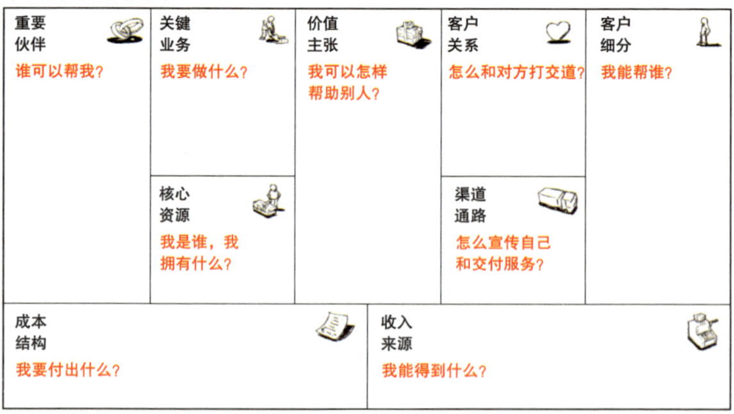

商业模式画布把我们是谁、有什么能力、可以做什么、可以给谁提供服务、可以提供什么样的服务、通过什么渠道提供服务、如何跟客户沟通、从哪里可以得到帮助、你需要付出什么这九个问题罗列出来，也就把职业规划、竞争力规划等内容全部搞清楚了。

我有一次做个人品牌阅读分享时，用这张图去20多本书里寻找答案，看那一堆书对于这9个问题是怎么回答的。这9个问题就是我的框架，我可以用这个框架中的9个问题去寻找答案。

还有一次是在山口拓郎老师的国际写作课上，老师提供了一个写文章的流程框架。他认为写一篇文章的流程是确定主题、准备工作、信息收集、确定框架、标题、修改、应用和发布。这是写书的方式。写文案也是如此，用这个框架就可以找到答案，可以去教我们写文案的那几本书里找——如何确定主题，如何去做准备工作，如何做信息收集，如何去找到框架，如何修改标题，如何修改内容，如何应用，如何发布，这几个问题就是写文案的问题框架。

如果刚开始学习主题阅读，对于框架还不是很清楚，也有解决办法：很多书的目录就是很好的框架。

例如《如何阅读一本书》，这本书的目录分为检视阅读、基础阅读、分析阅读和主题阅读这四章。如果想要做一个跟阅读相关的主题阅读，可以问：如何理解检视阅读、如何做基础阅读、如何理解分析阅读、如何进行主题阅读。带着这四个问题去把书读一遍，就能找到想要的答案。

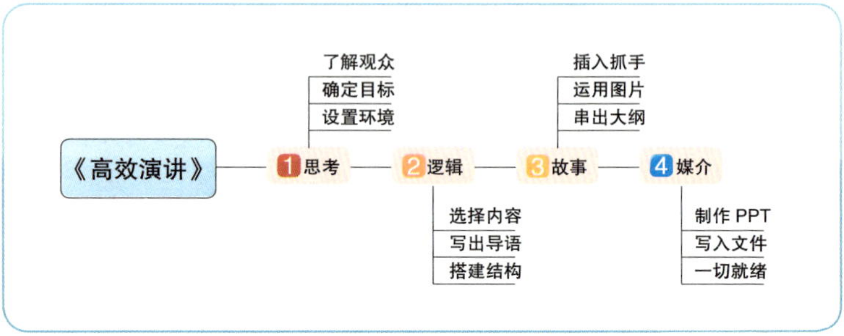

我通过读《高效演讲》，了解到演讲大概可以学习四个方面：第一部分是思考，也就是说如何去考虑观众、考虑目标、考虑环境；第二部分是逻辑，如何选取内容、如何开头和结尾；第三部分是如何用故事去包装、如何通过故事吸引观众的注意力；第四部分是如何做PPT。这就是高效演讲的四个步骤。带着这四个问题去其他书里找出答案，也就解决了我们的问题。

在后边的章节里讲深度阅读、阅读变现的时候，也要注意结构。因为结构贯穿我们阅读的始终，是我们在学习的时候需要特别关注的内容，也是在进行碎片阅读的时候需要去着重收集的内容。

如果还想专注学习一些关于思考力、关于结构思维的内容，我推荐我的一个好朋友唐青梅的课程，她是我在福建的好朋友，在网易云课堂上开了一堂叫作《聪明人都是这样思考的》的课程，可以去学习一些简单的、比较常用的关于框架和结构的知识。掌握了这些之后再去做主题阅读和思考问题，基本就足够了。

有些读者已经脱离了初级阶段，学会了一些基础框架，这时可以挑战一下“慕课（MOOC）”中国上密歇根大学教授关于思维模型的慕课课程。这个课程有非常复杂的模型，格调很高，对做决策和思维有不小的帮助。如果想要挑战自己或者做深度学习，这个课程非常适合大家。

回到我们的主题上来，整个主题阅读最重要的部分就是确定框架。

除了书本，有没有一个万能的，什么主题都适用的简单框架呢？

有，就是2W1H——“黄金圈法则”，即“为什么、怎么做、做什么”这三个问题，它可以精简地来解释任何一个主题。

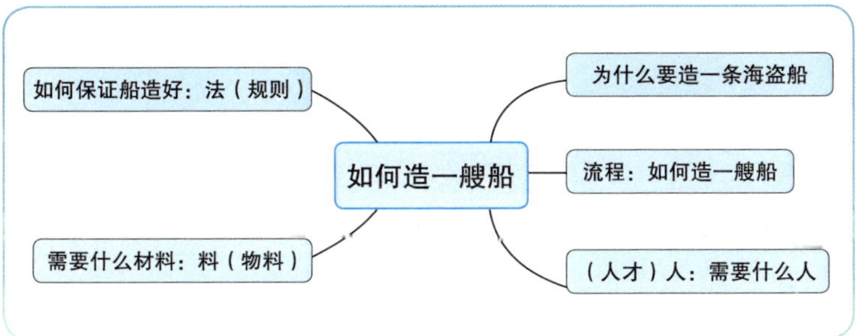

假如要造一艘船，那问题的框架就是：

· 为什么要造一艘船？

· 如何造，流程是什么？

· 造一艘船需要做什么？准备什么？造一艘船需要什么材料？

我们可以针对想做的主题阅读，以其为中心列出三四个问题。

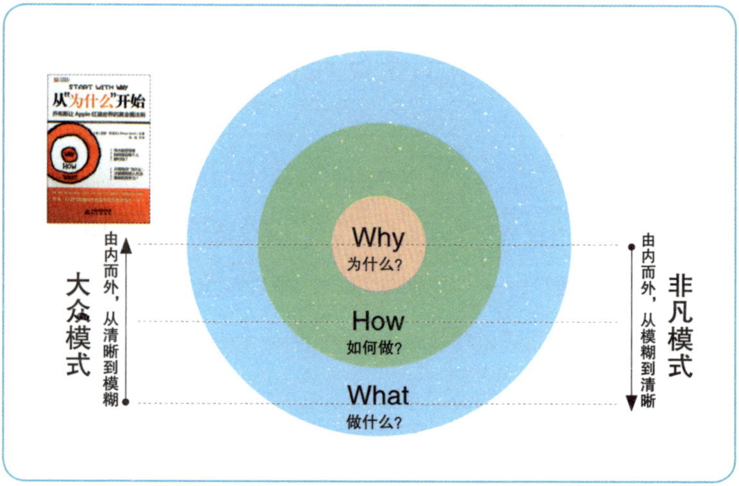

再例如你要学习理财或者基金理财的主题。

为什么要做基金理财？基金理财的好处是什么？如何去做基金理财？基金理财需要做哪些事情？运用这个法则可以把方法、步骤、原因、动机全部说清楚。可以通过绘制思维导图的方式，简单地列出主题框架，然后提出三到五个甚至更多的问题。

寻找答案

接下来基于框架去刚才剩下的那一堆书里寻找答案。看看这些书是不是每本都能够回答我们的问题。

用框架或者问题去书单中寻找答案

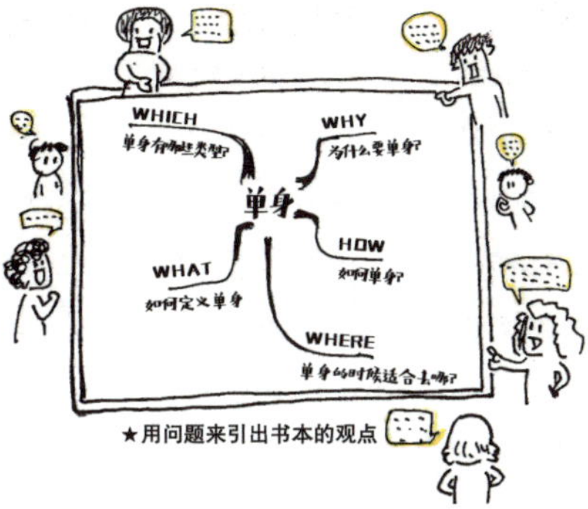

基于框架把书单里剩下的书再读一次，从之前标记过的地方找答案。

例如，针对第一个问题“为什么”，我们可能会在第一本书里找到一种说法，在第二本书里找到的是另外一种说法，在第三本书里没有找到答案，而在第四本书里找到的跟之前第一、第二本书又有些许不同。第二个问题“怎么做”，在第一本书里有答案，在第二本书也没有，在第三、第四本书中还没有……可以用Excel或者便签的方式，在每本书里找到相应的答案。这时的阅读速度会非常快，因为找答案并不用仔细阅读，好比我们是记者，带着问题采访作者，能快速找到答案。

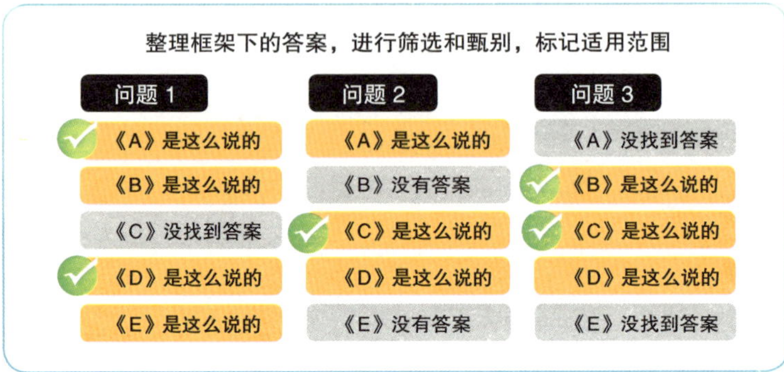

找到了每本书里的相关材料，这些材料有很多都是重复的，这时候要么把这些材料拼接起来，使材料呈现的内容更完整、更具体；要么就扔掉一部分，只选用最合适的、最好的。不同书里的观点有差异，也互相补充，这时要么选 A，要么选 B，要么就是把 A 和 B 拼接在一起，再加上自己的观点，变成全新的内容。无论是选择、嫁接，还是创新，都是在主题阅读最后挑选材料的过程中进行的工作。

比如做一个关于早起的主题阅读，有一本书说早起不好；另一本书说应该早上四点钟起床，早起有早起的好处；还有一本《睡眠革命》讲到，不管早起与否，睡眠的时间一定要有周期，至少要保证睡眠周期。好像三本书说得都对，或者说这三个答案都只说了一个方面，这时我们可以把这三个答案整合起来，组成一个新观点。

这时可以用到快速阅读的九宫格笔记，在一张纸上画一个九宫格，把之前的问题都列出来，假如只问了五个问题，那就只填五个格子。针对这五个问题，把每本书的答案都写上去（或者是已经采用的答案），基本上一张纸就能够把一次主题阅读的问题框架以及每个问题框架下面得到的答案全部整理出来。当然用Excel表格也可以，表头输入问题，下面列出所有问题的答案，然后再进行筛选整合。还有的读者朋友会采用在墙上直接贴便利贴的方式，来确定一个主题阅读最终的成果。

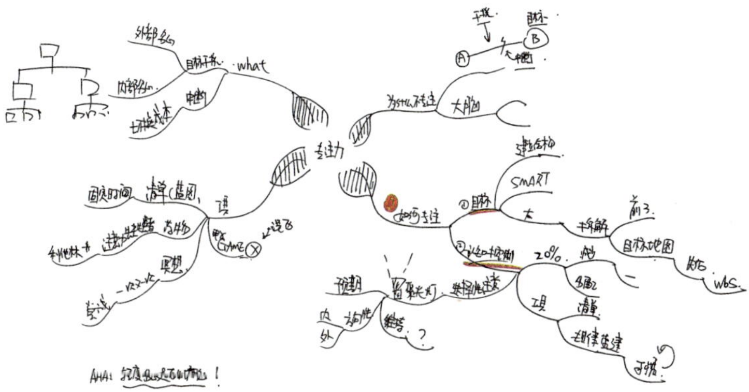

开始的时候，我只用思维导图的方式，把“5W1H”全部列出来，然后去书里找答案。这种主题阅读的方式，能够快速地帮我们建造出一艘钢铁巨轮，它也能快速地帮我们建一艘小船。不管是3本书、5本书，还是30本书、50本书，都可以用这种方法快速地完成主题阅读，这是第二种爆破弹式的主题阅读方式，它是基于书本的阅读方式。

核弹：长时间研究一个领域

“核弹”指的不仅是爆炸力强，还指可以持续影响相当长的一段时间。同理，核弹阅读也不是说一口气读100本书，而是可能用10年的时间读一个主题。十年前，当我还是一个小小的程序员的时候，曾经读了一本叫作《全新思维》的书，里面提到的6种能力，第一是要有意义感，也就是说要保持探索人类终级幸福的愿望，要一直寻找自己的意义，找到自己的内在驱动力；第二是要保持娱乐感，要拥有快乐的竞争力，要主动寻找快乐，就像洋葱阅读一样，不能老是讲干货，也要有好玩儿和有趣的东西；第三是要有共情力，要与别人产生共鸣，不能老是自顾自地叙述，要跟大家互动，要了解大家的感受；第四是故事力，也就是要做生活的策划者，要设计你自己的人生，要游戏化自己的人生，不能循规蹈矩；第五是要有设计感，要做生活的策划师，要设计生活、设计旅行、设计一切；第六是交响力，也就是要发现系统和整合之美，要有系统思考的能力。

我看完之后有些疑惑，这本书里讲的都是观念性的内容，没有讲具体的方法，没有告诉我该怎么做，看完了之后好像也很难做出改变。

过了一两年之后，有一次在学习PPT的时候，我看到一本叫作《演说之禅》的书，是一本PPT秘籍。这本书在第一章就讲到，做PPT要用到六个能力，分别是意义感、娱乐感、共情、故事、设计和交响。我这时突然想到之前看过的《全新思维》，原来做PPT的时候也要用到这6大能力，这是我第一次发现，有的人会把观念运用到实践里，而我并没有这个能力。那时候我记住了这本书里讲了一个关于故事力的概念——要当生活的策划者，要设计故事、学会讲故事。于是我在讲PPT的时候，也把丹尼尔·平克书中的内容拿来使用，告诉大家做PPT的时候要学会设计、故事、整合等。

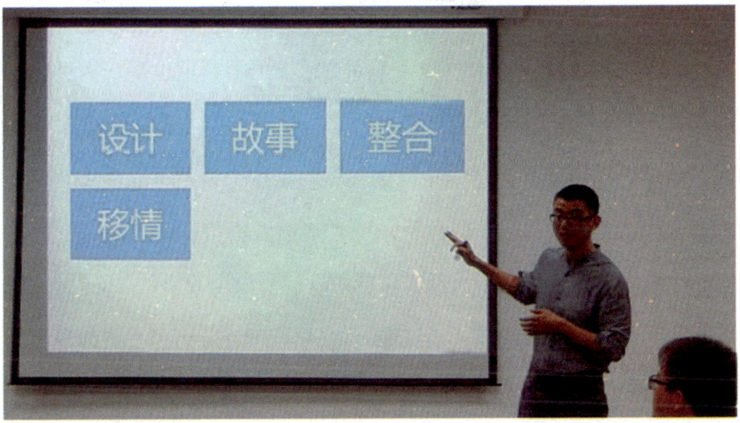

到了2014年有一个非常有名的节目——罗振宇老师的《罗辑思维》，每周在优酷上更新一期视频，于是我开始每周去追《罗辑思维》。我发现罗老师是一个很会讲故事的人，他每次在45分钟的时间里用40分钟去讲一个长长的故事，最后用5分钟的时间得出一个结论。虽然《罗辑思维》现在已经不更新了，但是我仍然推荐大家去看，因为它每集的内容都是扎扎实实的。

后来，我又读到一本叫作《千面英雄》的书，这也是一本讲故事的书。书里写道："故事是有套路的，写小说、编电影、会讲故事的人，他们讲的内容都有一个相同的模型，用这个模型可以直接套出很多好莱坞的故事。"这本书让我知道了普通人也可以讲故事，没有编剧和小说家的特长，每个人都可以套用框架写一个故事。

我还想推荐的书叫作《小说课》，书里详细地分析了小说都是有套路的，写小说的人并不是天赋异禀，而是懂得使用相关的套路。

我读了很多书，也在看别人怎么讲故事，但是我还是不知道怎么讲，懂得了套路，还得去实践。直到2017年，我发现许荣哲在"喜马拉雅FM"上有一个课程叫作《教你如何讲故事》，这个课程他只在台北开过，这几个月的时间我一直在反复听这个课程。

我在公司跟同事谈起这件事情，我说我特别想去台北参加许荣哲的线下课。我的同事婉萍说她不太清楚许荣哲，但是如果要学习讲故事，台湾还有一个很厉害的人——火星爷爷。于是，我看了《向“没有”借东西》的那个TED视频，发现火星爷爷真厉害，太会讲故事了。后来我就去了台湾参加他的线下课程。我最近收到了火星爷爷的新书《故事要疯传成交，就用这五招！》，就是我参加的那次线下课程的实录版。

2018年的一个下午，我重新看《全新思维》，突然发现从最开始我看到这本书，到现在我在文章里去讲故事、写小说，在生活中注重用故事去说服别人，这个过程我用了十年的时间。这一切的变化不是一个月的主题阅读帮助我完成的，也不是通过几个小时的主题阅读能完成的，它的时间线很长，就像投下一枚核弹后，会影响这个区域几十年甚至几百年。

最后的核弹式主题阅读就是如此。我发现在过去的十年中，我读书、看视频、参加线下培训、去请教牛人……我用了各种方法来对“故事力”这个主题进行阅读。也正因为花了这么长的时间，我对这个主题的把握，或者说我自己沉淀的程度特别深。这就是核弹阅读的好处，也是核弹阅读不容易做到的地方，持之以恒，方能有所收获。

洋葱岛第五关攻略回顾

总结

到这里，三种主题阅读的方式就都讲完了。第一种是“碎弹”——碎片化主题阅读，主要是用两种工具——即刻和云笔记来完成碎片化主题阅读。

第二种是“爆破弹”，更多的是对书进行主题阅读，从最开始书单创建之前建立一个简单的认知，到建立书单、快速阅读、扫读、建立框架，到最后基于框架去寻找答案，一整套完整的流程。

第三种是“核弹”，是我们基于一个主题做长期的计划，进行长期的研究。也就是用你能接触到的所有方法慢慢地一点一点往前推进。可能时机不成熟，也可能需要很长的时间，但是只要你一直在关注它，你就一直在学习它。

作业

这就是火力最猛的机械师给我们的“炮弹”以及教给我们的造船方式，那么学会了三种主题阅读之后我们要做什么呢？当然是做作业。这一次我们的作业就布置得简单一点，用五篇文章来完成两次碎片化的主题阅读。首先借助书本提出问题、建立框架，然后去整合找到答案。

这五篇文章的主题方向，我们选择“如何做年度计划”以及“如何建立自己的知识体系”。

第六章

掘金匠人：深度阅读

听完了机械师讲解的主题阅读，接下来我们要挑战的是第六个关卡——掘金匠人。

掘金匠人有一双炯炯有神的眼睛和发现宝藏的魔力，跟着他你会有意想不到的收获。

场景导入：什么是深度阅读

掘金匠人的故事

在这里，你会遇到掘金匠人。他最擅长的是“挖矿”，能从一个看上去好像没有过多知识点的内容里把最深层次的精华挖出来。

他会教你深度阅读，帮你慧眼识金，把一本书里最重要的信息挖掘出来，找到宝藏。

什么是深度阅读

我们参加那么多课，报那么多班，读那么多书，最终的目的是追求我们自己内心的幸福，也希望家人幸福。我们希望追求生命中诸多可能、追求自己绚烂人生的时候，有能力让家人过得好一点，让家人安心、放心，这才是成长和学习的根本目的——让自己幸福，让家人幸福。

阅读的幸福不是读了很多书，也不是读书速度有多快，而是把原来不懂的东西搞懂，原本纠结和迷惑的问题豁然开朗。这就是阅读的幸福。要获得这种幸福，就必须去理解所读的内容。

快速阅读可以提高阅读的速度，主题阅读可以提升阅读的广度，但阅读的核心必须围绕两个字——理解，要理解所有阅读的内容。

某个知识点被我们不断地应用，不断地掌握，不断地去做分享，这种反复的过程就会让我们对这个知识理解得越来越透彻，掌握得越来越牢固。

我从来不会强行记大量的信息，如果某个东西对我有用，我会坚持用下去，如果某个东西对我没有用，就算强行把它记住，过后还是会忘掉。

为什么要深度阅读

简单来讲，深度阅读就是升级我们的视角。举个例子，在我们面前有一只小黄鸭，一个小朋友会问这个小黄鸭能发出什么声音；家长会说这个东西是一个电子玩具，还是一个浮在水面上的小船；工程师会想它是怎么做成的，它的塑料外壳是什么，里面的电路板又是什么；如果是专家视角来看，小黄鸭除了供小朋友玩耍，还可以用来做什么，是否能用它来做一些工程实验，能不能把这个小黄鸭用到别的地方。从这四种不同的视角看待同样一个东西就形成了完全不一样的观点，阅读的时候也是如此。

我们在阅读的时候，就是在不断地提高视角以及看问题的能力。好比一家公司，如果只是一个普通员工，会觉得每年涨8%的薪水太抠门；但如果是公司的老板就会觉得每年涨薪8%对公司而言负担会很重，这就是视角的不同。

如果阅读只是想获取书的内容，那可能就是小朋友的视角；如果想运用书里得来的知识，那可能是家长的视角；如果是一个写作者，就想知道某本书是如何写出来的，为什么能畅销，而自己的书不畅销，这里面的差距是什么。切换不同的视角，看待同样一个问题得出的答案会完全不一样。

讲完了“是什么”和“为什么”，接下来我们需要探讨究竟有哪些内容值得深度阅读。深度阅读不是把一本书完整地读完，不是读的时间足够久，也不是把一个片段、把一张图做深度的解读。这些都是片面的看法。

哪些内容值得深度阅读

专业的内容、自己需要的内容、需要了解底层规律的内容、核心的知识、延伸性强的内容、感兴趣的内容、读一遍之后不明白的内容……这些都属于需要深度阅读的内容，我们对于阅读是有自己的理解力的，只是还没有形成系统的方法。

阅读一直要关注自己的感受，如果把前文的“需要进行深度阅读的内容”做一个总结，可以分为下面几种：“咦？”“哈！”“嗯！”

“咦？”指的是某个知识好像有点难，不太明白。

“哈！”的意思是让我们茅塞顿开、质量非常高的内容。

“嗯！”指的是某个有道理的内容，值得我们继续深入了解一下。

有的读者认为文学类、心理类、投资类的书都需要深度阅读。其实在甄别是否需要深度阅读的对象时，我们针对的并不是某一本书，而是针对“概念”。理解某个概念的过程中，如果它让我们感觉到困惑或喜悦、感觉到“力量”和“价值”，这时就可以针对该内容进行深度阅读。因为这时只是知道了该概念是什么，还需要通过深度阅读提升视角——这个概念如何使用、后台如何实现、原理是什么等，只有把这些都搞清楚了，才算是拥有了这个类别的知识。

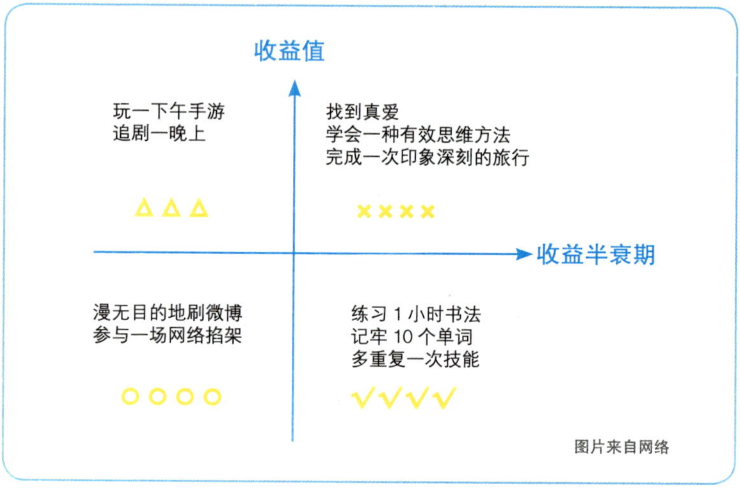

这里有一个半衰期的概念，半衰期是一个物理学的概念，或者说药理学概念，指的是每个知识都有衰退期。比如，今天还很流行的东西，明天可能就不流行了。今年大家还在学习的东西，明年几乎所有人都知道了。我们在阅读时的过程也一样。

例如某些阅读方法、时间管理方法，把时间线拉长来看，无论人们到什么时候都可以使用，这些内容可以指导我们做决策，指导我们去思考。这些都是收益期很长的知识。有些知识可能收益期很短，例如微博的热门话题、热搜榜，可以让我们放松和娱乐，但是这些内容的半衰期很短，看过之后很快就会忘记，这样的内容就不值得进行深度阅读。

很多小说属于消遣型读物。比如《盗墓笔记》，这本书是闲暇时候用来消遣的读物，但如果想知道一本小说的写作方法，并模仿这种写作方法，《盗墓笔记》的很多内容非常适合进行深度阅读，因为作者设置剧情和布置情节的手法和技术非常的娴熟和巧妙。

当我们想知道哪些内容值得学习的时候，非常重要的一点就是了解大神们的学习内容。例如“混沌大学”的学习内容，以及他们推荐的一些必读书和选读书等。如果想变成工程师或专家，从他们的视角研究他们关注的书，是一种非常好的方法。这些书里有很多值得深度阅读的内容。

比如，在“混沌大学”2017年下半年的开学典礼上，讲了11个模型，分别是刻意练习、递进性原理、机械论等。这些模型在做决策和判断的时候非常有用。这些内容中有一些我至今还没有接触过。所以当遇到一些很厉害、对我们很有价值但又不是特别明白的内容时，我们千万不能放过，必须要用深度阅读的方法进行研究。这也是深度阅读的核心方法。

深度阅读的三个步骤

深度阅读口诀

练兵场

寻找联系，探索“冰山”，多场景应用

创意灵感来自：李叫兽

深度阅读分为三个步骤——“练兵场”。“练”指的是寻找联系，“兵”指的是发现冰山，“场”指的是多场景练习应用。寻找联系、探索冰山、多场景应用——“练兵场”，把步骤口诀化可以帮助我们进行记忆，与之前的“因概少切复”的概念类似，都是很简单有效的概念。

寻找联系

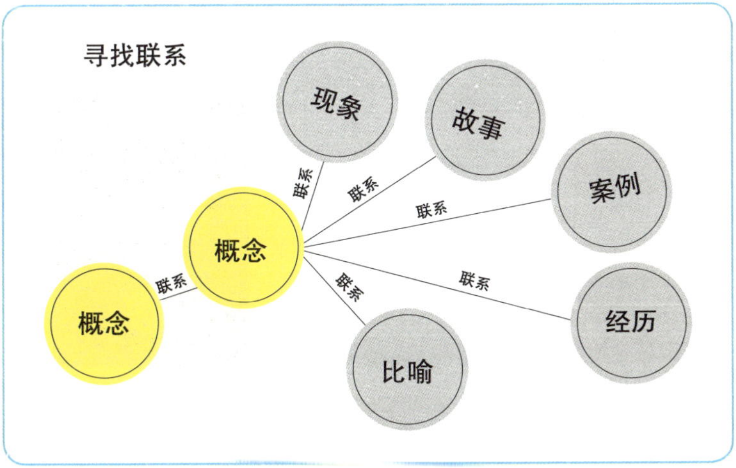

寻找联系的意思是当看到某句话或者某个概念的时候，要下意识地尝试分析该内容是否能够通过其他的现象解释。

例如找一些生活中的例子、故事，回忆一下自己的经历，甚至可以打个比方。寻找联系分为如下几种：第一是经验联系。经验联系的代表就是之前用过的“拆书帮”RIA便签读书法。RIA便签读书法是赵周老师在《这样读书就够了》里提到过的经典方法，就是产生一个经验性的联系——当我们看到某段话的时候，立刻想到这个内容我们之前是不是遇到过。

我们只会对那些我们知道的内容感兴趣，前文讲到鸡尾酒效应、大脑的原理时也说过这一点，大脑会注意熟悉的场景、熟悉的内容。

阅读其实也是这样，如果发现某个片段好像遇到过，就要进行相应的联系，把当下碰到的内容与过去的经验连接起来。

交叉联系（不同的书都在讲同一个主题）

除了经验联系之外还有一种方法——关联法。之前在做主题阅读的时候，会发现某本书里讲的内容在别的书里也看过，比如《褚橙你也学不会》里的一些核心思想与《海底捞你学不会》里的核心思想是一样的，还有一本书叫作《会切西红柿，就能做餐饮》，这本书的主题同样也是与餐饮、服务行业相关，这种深度阅读的方法就是关联法。

举一个“李叫兽”曾经举过的例子：人的爬虫脑控制着欲望，这部分大脑更喜欢视觉化的信息，而不是抽象的信息。我们在讲大脑时也讲过这一点。如果我遇到了某个现象，我会寻找它究竟能被哪些理论解释，如果找不出5个现象我不会罢休。

由此我们可以得出深度阅读需要注意的一点：当看到某些内容，如果有了“咦、嗯、啊”的感受，就试着举5个例子，来解释看到的这个内容。

举个例子：iPod曾经有这样一条文案，用来形容一个iPod的硬盘容量和体积大小。如果简单直白地用“小体积大容量的MP3”，就太通俗了，不吸引人。由于人的大脑喜欢视觉化的信息，苹果的广告把“小体积大容量”解释成了“把1000首歌装进口袋里”，这样解释一下子就能带给我们生动的视觉画面。

再举一个简单的例子，形容天很冷，如果单用“冷”这个词来修饰就显得抽象，如果换作“今天我冻得像秋天的落叶一样瑟瑟发抖”，同样会带给人们画面感，并且显得生动有趣。

有一句俗语：“只要抓住机会，即使能力不高也有可能成功。”这句话很早就在坊间流传，小米总裁雷军把这句话换了一种说法，使它更具画面感：只要在风口上，猪也能飞起来。这就是一种非常好的视觉化表达。

在平时的语言中也有视觉化的表达。比如“同时实现两个目标”，这个描述非常抽象，换作“一石二鸟”更好；“把握在手里的机会才最重要”换作“双鸟在林，不如一鸟在手”；“敌人现在很害怕”换作“敌人如惊弓之鸟”；“不要第一个出风头”换作“枪打出头鸟”；“早点行动就更加有机会”换作“早起的鸟儿有虫吃”……当选用后面那句，整个情景就好像摆在了眼前，更容易理解。

如果夸女生漂亮，不能直接讲“你今天很漂亮”，要把这句话视觉化：你今天的裙子真的和你身材很搭、你今天的穿着颜色很搭……这就是视觉化的描述，会让女生觉得是真挚的夸赞，是真的觉得她很漂亮。

为了强调视觉化表述的重要性，再多举几个例子。追求人人生而平等，拒绝种族歧视，这是二十世纪六七十年代美国的黑人坚持呼吁的内容。黑人兄弟们喊了很多年，没有什么好的效果，有时候还起到了反作用。这时著名的黑人民权运动领袖马丁·路德·金横空出世，在那篇著名的演讲《我有一个梦想》中，他是这样“视觉化”上面那些口号的：

“我梦想有一天，这个国家会站立起来，真正实现其信条的真谛：‘我们认为真理是不言而喻，人人生而平等。’

“我梦想有一天，在佐治亚的红山上，昔日奴隶的儿子将能够和昔日奴隶主的儿子坐在一起，共叙兄弟情谊。

“今天，我有一个梦想。

“我梦想有一天，幽谷上升，高山下降；坎坷曲折之路成坦途，圣光披露，满照人间。

“这就是我们的希望。”

如果这样描述，听众会感觉到身临其境，让他们感同身受、印象深刻。

除了这些情景之外，我们在生活中也有其他视觉化的案例，例如给足球明星取绰号：“独狼”罗马尼奥、“小坦克”鲁尼、“小跳蚤”梅西……这就会比用抽象的形容词来形容，如勇猛鲁尼、灵活梅西来得生动而形象。

洋葱阅读法也是如此，例如并没有说碎片阅读是到处去抓东西，而快速阅读就是快速寻找目标，达到自己的目的；而是用了“章鱼哥”“火暴剑士”等拟人化的东西来说明阅读法的内容。

总结一下，寻找关联是看到重要概念时让你觉得很重要，要立刻联想到哪些现象能够被该理论解释，同时至少要找出五个可解释的例子，才能加深对该理论的印象。然后，要活学活用视觉化的表达，丰富自己的描述方式。

探索“冰山”

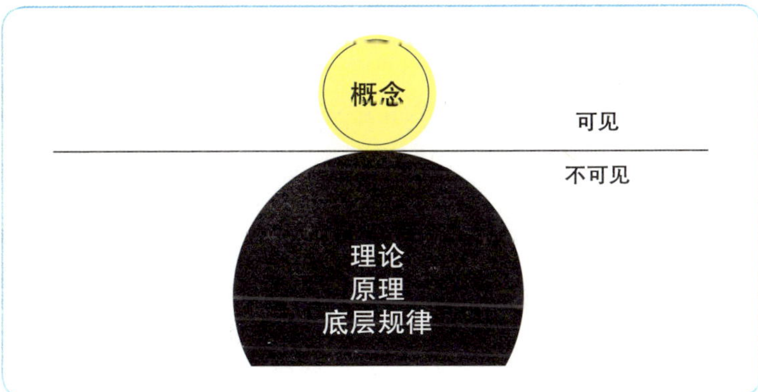

有了这些连接之后，第二步是探索“冰山”。很多概念背后，都有庞大的知识体系支撑，好比一棵树苗，它在地下可能有一个很庞大的根系，树苗只是露在地面上的一个嫩芽而已。一个概念往往后面可能会有理论、原理等。概念是可以看到的，不能轻易看到的往往是背后的体系知识，而这些知识通常庞大且系统化。

如果想了解背后的体系，就要学会追根溯源。前文讲到，人的大脑更偏向于视觉化，那么这个结论是从哪儿得出的？这就需要我们追溯源头。

举例 1：寻找源头

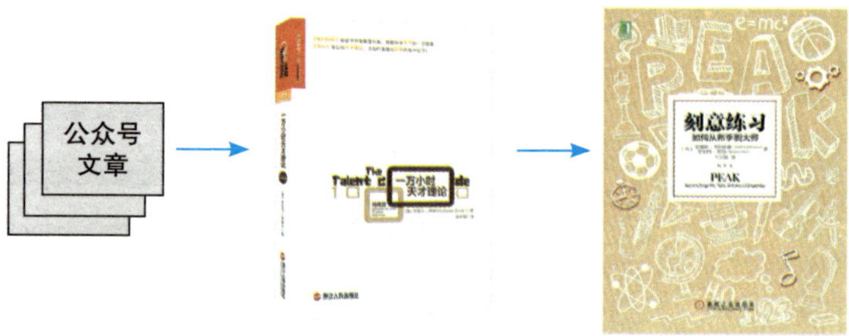

举一个例子，大部分人了解“刻意练习”这个概念是通过《一万小时天才理论》之类的书，经过一万个小时的练习，就能成为某一领域的专家。写文章也是如此，熟能生巧，写1000篇文章就可以无师自通，很多微信公众号都在讲这个概念。这些概念都来自《一万小时天才理论》。如果再往前追溯，“一万小时天才理论”也只是作者自己的一些简单解释。那么作者的理论基础来自哪里？再往上追溯，可以追溯到《刻意练习》这本书。

其实就是逐渐地往上溯源，寻找第一手的知识。第一手的知识往往是体系化的学术知识，通过实验科学论证过。很多文章举例时都会讲哈佛有个 × × 实验证明了 × × ×，斯坦福有个 × × 实验说明了

×××，这些都是河流下游的内容。往前追溯才能找到科学和具体的内容。所以在看到某个概念的时候，不要轻易被它吸引，而是要追寻这个概念的源头在哪儿。

再举一个例子。大家都养成过不少习惯，有些是失败的，有些是成功的。先说失败的：早睡、早起、阅读、运动、减肥……很多人都败在了这几样看似简单的事情上。运动跑步这些艰难的习惯难以培养，可能是因为没有搞清楚习惯这件事情的真正含义。那么如何才能养成一个习惯？我们可以就从这个问题出发，开始追根溯源。

首先，有一本书叫作《微习惯》，书里说习惯要从最简单的开始，如果想运动，就要从每天坚持做一个俯卧撑开始，乍看之下好像做一个俯卧撑并没有什么效果，但书里说只要坚持做就会很快见效，而且作者健身的习惯就是从每天做一个俯卧撑开始的。最后作者靠每天做一个俯卧撑，发展到开始去健身跑步，锻炼出了强健的体魄。从微习惯到养成习惯，背后有理论、体系化的内容支撑。把微习惯坚持下来的原理，是在研究人类或者动物养成习惯过程中，找到的一些关于习惯的规律，这就是习惯的力量。

例如在《习惯的力量》这本书中举了这样一个例子：

人们养了一只名叫朱利欧的猴子，把它关在一个实验室里，实验室里有一块屏幕。朱利欧每次看到屏幕上有图形的时候，只要它一拉杆就会出现果汁。通过这种方式让朱利欧慢慢发现，只要屏幕上出现图形的时候，拉下拉杆就可以得到果汁。

朱利欧逐渐养成了一个惯性行为。之后科学家发现，只要屏幕上出现了图形，就算朱利欧还没有拉杆，它的大脑也已经有了兴奋的波动，它有了兴奋感之后再去拉杆，就可以得到果汁，它的脑回路变成了这样。

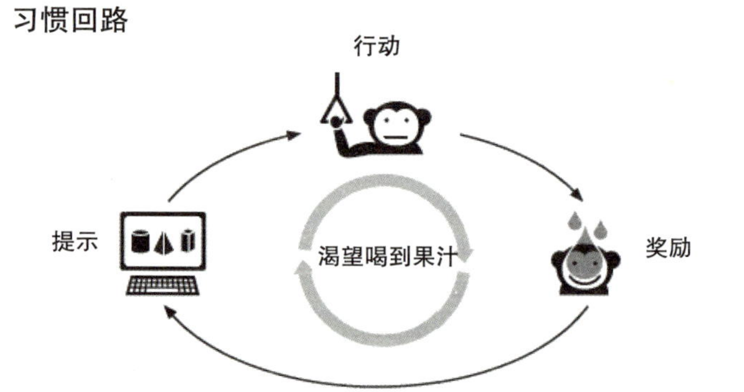

图片来自《习惯的力量》

它从刚开始看到提示，拉杆得到果汁，变成了看到提示就立马会形成喝果汁的渴望，也就是渴望得到报酬的感觉。所以当养成了某个习惯之后，就会形成这样的脑回路。而有了这样的脑回路，就意味着个体会被习惯牵着走，也就是说，个体的行为和反应会自动出现。

所以，能否养成好习惯关键在于习惯回路是否设置好了。比如健身这件事情，很多人对于健身的回忆是痛苦和一身臭汗，这是无法形成良性的习惯回路的例子，而有的人养成了健身的习惯，是因为每次健身之后，在镜子里秀肌肉、马甲线、身材，会感到非常开心。在这种状态下个体能慢慢形成习惯回路，从而养成习惯。

最开始的时候尤其需要坚持，坚持跑步100天、坚持每天写文章……如果做不到，原因在于没有给自己设置奖励，也没有给自己设置提示。在第一章里我们讲过，养成每天把一本书放在包里的习惯，也就意味着每天都可以稍微翻一下，哪怕用来拍一张照片晒个朋友圈，收获朋友的点赞。这时点赞就是激励和奖励。

从一个概念的阅读，到去探寻背后的原理，明白了原理之后，就能了解为什么有的习惯能够养成，有的习惯很难培养。深度阅读的第二步是探索冰山，去寻求概念背后的底层规律。一旦明白了原理，再去教别人做习惯养成的时候，就有了一套理论支持我们的观点。

多场景应用

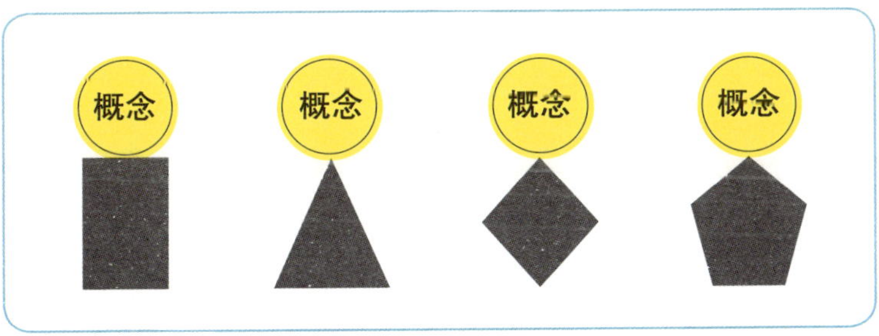

深度阅读的第三步是多场景应用——知道概念后如何使用。这时需要进行多场景的应用，尝试在不同的场景下自如地运行该理论。

读完一本书之后可以分享到朋友圈，因为分享的过程就是一个慢慢养成习惯的过程，读一本书发一个朋友圈，每次都会获得奖励，这个回路就会逐渐形成。之后再拿起一本新书的时候，虽然还没有晒朋友圈，但大脑已经感觉到了获得奖励的兴奋和快乐，这就是习惯回路的形成。

综合举例

深度阅读的三个步骤“练兵场”，即寻找联系、探索背后的底层规律、多场景的应用。记住这三点之后，我们来举一个综合的例子，看看如何应用好这三个步骤，从而进行深度阅读，理解某个概念。

有一个概念叫作锚定效应，指的是人们对于某人或者某事在判断的时候容易受到第一印象或第一信息的支配，就像沉入海底的锚一样，把人们的思想固定在某一处。如果用深度阅读的“练兵场”方法来学习和记忆锚定效应这个概念，应该如何做？

锚定效应

锚定效应（Sunk Cost）

指的是人们在对某人或某事做出判断时，易受第一印象或第一信息支配，就像沉入海底的锚一样把人们思想固定在某处。

作为一种心理现象，锚定效应普遍存在于生活的方方面面。第一印象和先入为主是其在社会生活中的表现形式。

第一步，寻找联系。“锚定”指的是在某人对于某事做判断的时候，容易受第一印象或第一信息支配，就像沉入海底的锚一样，第一步是联想生活中是否有相关的例子。

例如在火车站里，大部分肯德基店的旁边都有东方既白店，东方既白店会告诉消费者“我是肯德基的兄弟品牌”，这就是锚定效应。消费者来到门店前，看到了“肯德基兄弟品牌”这个概念，立刻会联想到品质不会很差，价格应该和肯德基相差无几，等等。

锚定概念可以联想到很多例子。可以继续联想，历史上有没有一些故事跟锚定相关。例如长坂坡一战，曹操的军队追到桥前，张飞站在桥上大喝一声：“燕人张翼德在此，谁敢跟我决一死战！”这时曹操的士兵都吓坏了，原因是曹操分析：赵云那么厉害，杀得七进七出，赵云又曾经说张飞很厉害，所以我觉得我们还是不要轻易惹他。

懂得了锚定效应及其背后的原理，下一步就是应用，多场景的应用。

例如跟HR谈判，就可以用到锚定原理。如果直截了当地说希望增加薪水，薪水能不能加500块钱或者其他数目，这种谈法很难达到目标。依照锚定原理，可以换一种谈法。谈判开始的时候抛出锚：这个岗位在同类公司里的地位，之前离职的同事当前的薪资水平，再跟自己的薪酬做对比后，提出涨薪的要求。例如同行业同岗位薪酬是1.2万元，自己只有6000元，这时HR不好意思加很少的数量或者拒绝加薪提议，他会根据公司效益尽可能地往上靠。

在生活中还有一个场景，也有锚定效应，就是第一次见到陌生人的时候。我们经常讲第一印象很重要，就是因为锚的存在。例如在相亲或者出席相亲会的时候，一定要注意锚定效应，在第一次见面的时候一定要给对方留下一个好印象，有了这个好印象之后，后面就会比较顺利了。假如第一印象很糟糕，后面想把局面扭转过来会非常艰难。

除了薪资谈判和相亲，读者朋友还可以联想一下其他的可以用到锚定效应的场景，并按照“练兵场”的步骤执行一下整个流程。

拓展资料

微信公众号“开智学堂”也提出过一些深度阅读的概念。他们认为在深度阅读的同时，探寻的是学科之间的联系。他们把知识分成了技能、知识点、交叉领域、学科四个部分，知识颗粒度会逐渐变大。例如讲到技能，如何学习手绘、如何学习某个编程语言、如何学习某个乐器……可以运用不同的方法。关于知识点的部分，可以用深度加工的方法，关于交叉领域的部分，可以使用其他方法。他们提供了一种更为系统，但是更复杂的逻辑体系，如果读者学有余力，可以进行额外的深度研究。

深度阅读的前提

深度阅读的前提是至少对某个知识有足够的了解。以下的这些前提步骤能够帮助我们在深度阅读之前做好充足的准备，即使没有打算深度阅读，做了这些准备后也可以把它当作一个入门级的深度阅读，比快速阅读和其他形式的泛读更加有深度。

初级理解

初级理解

- ★ 写摘要
- ★ 标注重点
- ★ 关键词关联记忆
- ★ 文本材料图像化
- ★ 重读（3遍）

前文讲过，阅读时要进行初步的理解。写摘要、把这个材料图形化……这些内容前文都有讲述。如果觉得某本书或者其中某个章节很重要，就反复多读几遍加深理解。

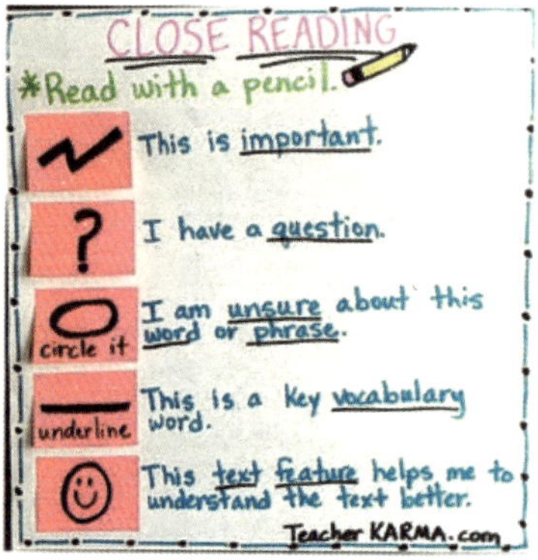

Think-marks
思考标识

可以通过一些图形化的标记来做标识，把重要的、有问题的、未来可能用到的内容逐一标注。这些图形可以自己定义，可以创造属于自己的标记。

练习性测试

练习性的测试，举个例子说明，有一本书叫作《剧本创作与营销策略》，这本书是“梦想早读会”拆解过的，主要内容是如何写剧本、讲故事等。知道了这些概念之后，如英雄之旅和故事模型，如果不去尝试使用，这些知识很难完全掌握。很多时候可以尝试概念的应用，把书里的套路用于实践，检验一下是否产生了自己想要的效果。

分散性练习

分散性练习指的是不需要持续地执行“练兵场”的任务，不需要持续地深度阅读。例如《穷查理宝典》，这本书里讲的东西需要长期反复的思考才能吃透，所以不需要集中一段时间把它读完，可以一年内偶尔翻一翻，在家里放一本，公司桌上放一本，有空了就翻开看几页，这种反复的分散性的学习，有时比集中学习更加的高效。

详尽地审问

第四点是详尽地审问。《如何阅读一本书》里就讲了一个概念：分析阅读。分析阅读指的是要把读过的书的内容，具体有什么逐一罗列清楚，也就是要用结构化的形式，绘制一张思维导图，分析清楚整本书讲了哪几个部分，每个部分分别有什么样的概念。

梳理清楚了结构，才能知道作者提出某一个观点的上下文边界，才能清楚知道他的这个观点的前因后果和适用边界。

“拆书帮”的“帮主”赵周老师《这样读书就够了》给出了我们如何去思考一个观点的前因后果和适用边界：

前因后果

（前车之鉴）：为什么这件事对我重要？是怎么出现这个问题的？

（相生相因）：都有哪些关于原因的假设？怎么验证或者排除这些假设？

（以观后效）：如果这个问题解决了，最好的结果是什么？是我期待的吗？

（自食其果）：如果我什么都不做，会发生什么？

适用边界

（适得其反）：有没有人不同意我对原因的假设？有没有不符合这个假设的实例？

（使用条件）：要解决这个问题，需要具备哪些条件（成本收益、态度能力）？这件事情可以用其他方式来解决吗？

（旁敲边鼓）：有没有可供借鉴的情况，其他领域 / 行业 / 人如何解决这个问题？

（楚河汉界）：无论是不同的观点还是类似的问题，他们和我的思路的区别是什么？交界在哪里？

用自己的话总结

如果没办法用自己的话总结出书里表达的核心概念，就无法执行前文所述的“练兵场”的练习。所以，我们要尝试用自己的话、用自己的片段来把图书内容整理出来。

“十面埋伏”

“十面埋伏”指的是遇到一些特别难啃的大部头书，由于它们的内容太过晦涩，无法执行“练兵场”的步骤，那么我们就可以用到“十面埋伏”——找帮手。比如，某个概念很复杂，可以去知乎提问、去果壳提问、去百度搜索相关内容、找一些公众号文章答疑解惑等，寻找一些通俗版的解答。

“围点打援”

“围点打援”指的是某个概念很复杂，如果某本书很晦涩难懂就暂且放下，先读一些外围的、简单的书。例如《认知心理学》，这本书很专业，读起来很费劲，这时可以先读《图解心理学》，或者《剥洋葱心理学》等，利用一些通俗的图解类图书了解研究问题的主要内容，这就是“围点打援”。说得通俗一些，就是先读简单的书，慢慢有了信心之后再来读晦涩的大部头。

“围点打援”和“十面埋伏”不一样，十面埋伏的目的是解决问题，方式是通过各种角度去强攻，而“围点打援”是暂时不攻击，先去把周边的问题搞定，再回来攻击难点。把周边的问题搞定之后，阅读能力会有很大的提升，看待问题的水平也会提升，再回头看核心读物的时候，会发现它并不难。

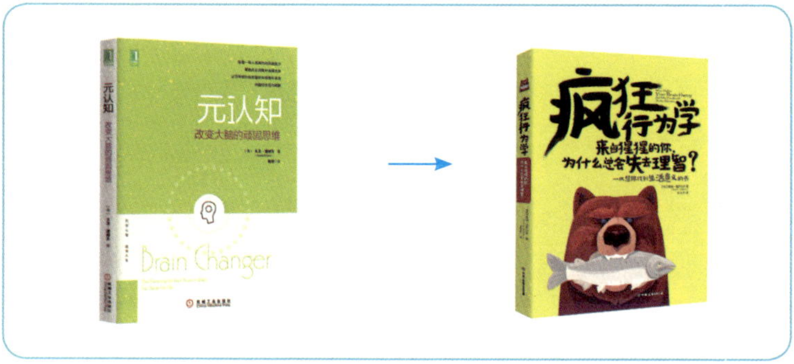

当时很多人经常跟我讲“元认知”，古典老师讲、战隼老师讲、秋叶老师讲、成甲老师也讲……但我还是不知道什么是“元认知”。于是我读了《元认知》，这本书虽然很薄，每句话每个字也都认识，但就是看不明白到底是什么意思。

于是我换了一本内容轻松易学的读物《疯狂行为学》——作者的第一本书，一看图片和书名，很轻松就完成了阅读的过程，相比《元认知》轻松又简单。

阅读应该像滚雪球一样，刚开始的时候是一个小雪球，用围点打援的方式把雪球越滚越大。快速阅读就像滚雪球的第一步，先快速地把整本书翻一遍，简单理解书里的内容，然后再通过主题阅读、深度阅读的方式逐渐加深阅读。

“消灭敌人的有生力量”

说得通俗一些，“消灭敌人的有生力量”的核心是搞定书中的一些关键词。一本书里真正有价值的概念并不多，即便是一本非常复杂的书，只要搞定里面关键的概念，那么这本书的核心内容也就被“消灭”掉了。

谁在进行深度阅读

深度阅读在国外非常流行，国外的很多小朋友已经开始采用类似于Close Read（深度阅读）的方式。

国内关于深度阅读也有很多案例，如许知远的《单读》、梁文道的《一千零一夜》，还有高晓松的《晓说》……这些都是我非常喜欢的节目。他们读书的过程，实际上就是基于某个观点执行“练兵场”的工作，他们能联想到很多东西，会告诉观众一些基本的、原理性的东西，哪怕是一些小说，他们也会告诉观众关于作者的一些他人闻所未闻的趣事，告诉我们图书的历史、作者的背景等，这些其实也是一种深度阅读的方式。

如果大家对文学、小说类的书特别感兴趣，不妨去看看许知远、梁文道、高晓松的节目，好好跟他们进行深度的沟通。

深度阅读的误区

关于深度学习的第一个误区是，很多人都把深度阅读理解为要从头读到尾把一本书读完。经过这一章的分析，我们已经了解了深度阅读其实不是从头到尾地精读，而是针对某个概念进行深度阅读。

深度阅读的第二个误区是，经典的书都应该进行深度阅读或者精读。这也是错的，因为一本书的价值不在于它是否经典，而是在于书里提供的观点能不能让人脑感到兴奋，能否让我们提出很多问题，能否让我们产生关联。无论是多么经典的书，如果我们没有任何感触，都无法运用也很难理解，那这本经典的书其实对个人而言并没有太大价值，泛读一下就可以了。

深度阅读的最后一个误区是认为要记住所有内容。其实只要把概念理解到位，能产生更多的关联，能在多个场景中运用书中的核心概念，就是记住这本书的内容了。

古人常说念兹在兹，阅读也是这样，念念不忘，心里一直想着去做、去试试，这样就不可能忘记。执行过“练兵场”来进行深度阅读以后，相当于一个复杂的概念已经举了五次例子，联想了五次，反复调用了五次大脑里的记忆。其实三次复习就可以产生记忆，五次可以达到很好的效果。如果能够再把知识和理论在多个场景中应用，那么对于图书的核心概念不需要任何记忆，就已经有了非常深刻的印象。

洋葱岛第六关攻略回顾

总结

这一章，我们详细学习了深度阅读的三个步骤——“练兵场”。

当然如果你觉得“练兵场”相对而言还是比较复杂，你可以多尝试“练兵场”之前的准备步骤，多阅读多练习，你会发现通读三遍之后你就会对一个概念，哪怕是最生涩的概念，慢慢产生新的看法和理解。

最后讲到深度阅读的误区，深度阅读不是把一本书从头读到尾，也不是要记住所有的东西，更不是所有的经典书都适合深度阅读——深度阅读的内核在于理解。

作业

利用我们今天学习到的“练兵场”的方法，试试看对“复利”这个词进行深度阅读。比如，解释一下什么叫作复利，了解它的原理，然后去联系我们生活中有哪些场景会用到“复利”，最后就是我们具体的场景应用，就是我们怎样去应用复利的概念。

第七章

黄金海盗团：

阅读与**变现**

学习了掘金匠人讲解的深度阅读方法，你终于集齐了所有的海盗团员，在去跟村长告别的路上，你们和一群海盗相遇，他们宣称自己刚从新航道回来。

他们准备告诉我们一些在新航道上，作为海盗可能会遇到的事。

场景导入：为什么要用阅读来变现

终身学习时代的来临

在现阶段，很多人在做与阅读相关的内容。例如“得到”上有很多《每天听本书》等音频专栏，这些内容都是之前写专栏的大V把自己的文字变成了付费专栏。还有像“新世相”“读书”等与读书相关的微信公众号，它们也做读书会；还有“十点读书会”，早在2014年的时候就开始做持续100天的阅读训练营了。

为什么这么多人都在做跟阅读相关的事情？因为很多读者对阅读感到很恐惧、力不从心。同时，这个时代如果不通过快速学习，很难跟上社会的节奏。于是大家一边感到焦虑，一边又没有合适的阅读方法，进一步引发了大量微信公众号和社群争相提供与阅读相关的服务。

用阅读赚钱在很早以前就已经有了先例。2017年3月，“剽悍一只猫”在他的群里发表了一篇文章《花15K一个月请你读书》；我的朋友陈立飞在做“Spenser”时，要我推荐几个阅读很厉害的人给他，他需要这些人每天帮他读书。

阅读真的能变现，而且很赚钱。如果能把一本书变成8000字的稿件，在“得到”的《每天听本书》栏目长期签约的稿费大概是每千字1000元，也就是说梳理总结这本书的内容，可以获得的报酬大概是8000块钱，普通人一个月大概能写3～4本书，这是业内报酬比较高的通过读书赚钱的工作了。

两年前我在镇江的时候，当时把一本书拆成10篇文章，文章里的大部分内容都是书摘，然后加上一些自己的解释，配一些示意图，这样的一篇文章大概也能挣到100块钱，10篇文章大概是1000块钱，一个月轻轻松松可以挣到3000块钱。

当然这章的内容不是强调要靠阅读去赚钱，而是告诉大家阅读能够变现。阅读是现在很多人急需的东西，我大力推广阅读的原因也在于此。如果不帮助大家提高阅读能力，大家会持续地在这方面花钱，不断地去靠购买别人的服务来学习，就像一个只吃外卖而不学做菜的人一样，这部分的开销永远存在。因为学习读书这件事情是刚需，也就意味着每年都得请别人来读书，或者买别人的栏目来学习。这也是为什么现在已经有了这么多的阅读产品，还是有很多人在不断地开新的读书会的原因。

如何把一本书变成一节课

把一本书变成一节课的过程中，会把之前学过的所有的阅读方法拿来进行综合应用。任何阅读方法都不是孤立的，是可以综合运用的。阅读的最终目的不一定要赚钱，还可以用在职场中，例如提高职场能力、提高职场中的核心竞争力等。如果成功加薪，也算是变相的挣钱，因为毕竟不是所有人都能通过互联网来赚钱。

把一本书变成一节课，或者把一本书变成工作中可以实际运用的能力，这是每个人都可以做到的，既提高了我们学以致用的能力，而且学会之后还可以教给其他人。我们经常说教是最好的学习，所以不管怎么想，都是对我们自己很有利的一件事情。

快速阅读

把一本书变成一节课的第一个步骤是快速阅读。那什么样的书适合我们用来做成微课呢？——通过使用快速阅读法可以甄别哪些书适合。

现在市面上有这样一类书，这些书的作者一般都是先有线上课程，之后根据培训课程的内容编成一本书。例如《量子思维》《善用时间》《学会写作》《学习力》，还有我之前的作品《颠覆平庸》，等等。或者是这些作者在写书之前，要么是培训师，要么是演讲达人，要么是某个领域的专家，他们把自己的经验写成书，同样地，也把这些经历变成了课程。

前段时间，火星爷爷出了一本叫作《故事要疯传成交，就用这五招！》（繁体版）的书，核心内容是“五步教你卖东西”，其实这个内容就是我去台南听他的线下课时，他在课堂上讲的东西。我把他上课的内容完整地呈现出来，唯一缺少的是课程中的很多PPT案例。

没有PPT和课程过程中的案例分析，这本书当然不能和现场的课程相比。

但是还记得我们洋葱阅读学过的阅读方法吗？前面已经讲过深度阅读了，通过深度阅读我们自己也可以挖掘内容，其实这个工作一点儿都不难。把一本书转化为一节课，应该考虑用实用性强的书来做转化，能够保证讲半小时到一个小时，这样基本上就可以完成一本书变成一节课的工作量。

在讲快速阅读的时候，我们利用了一个非常重要的工具——九宫格笔记本。一节30～60分钟的微课要讲3～9个概念，把这些概念讲清楚，就可以形成一节微课了。在做分享的时候，如果要把一些关键性的概念讲解清楚，时长在30分钟是完全没有什么问题的。

《这样读书就够了》《小强升职记》《非暴力沟通》《和时间做朋友》、“定位”系列、《斯坦福大学创业成长课》《好好学习》《高倍速阅读法》等，这些书都可以转化成一节微课。

主题阅读

对一本书进行快速阅读，大概了解了书里有哪些核心概念之后，第二步可以用主题阅读的方式，从书里挑出一些概念，对这些概念进行主题式阅读。

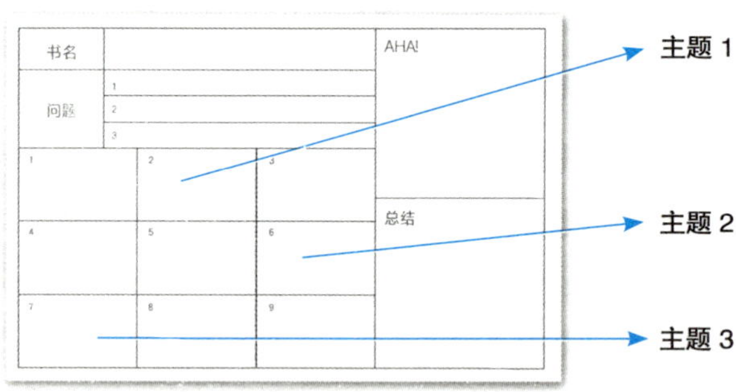

有一本书叫《给孩子讲量子力学》，如果要做分享，我建议好好读一下这本书。有读者会问，给孩子看的书适合拿来参考吗？会不会太简单了？

在进行主题阅读的时候，我们的工作实际就是通过一个一个的概念去延伸，每个九宫格里的概念都可以形成一个主题方向。比如《好好学习》这本书讲到了一些思维方面的内容，如何构建知识体系、如何寻找底层规律……基于这些概念可以衍生出不同的主题。快速阅读能够帮助我们寻找主题。

第10章 学习能力——财富有价，知识无价/116

学习能力是所有能力的基础/116

注重思维能力的培养/118

自觉、自主地学习/120

提高记忆的能力/122

把学习运用到实践中/124

发挥想象的空间/126

注意力训练方法：舒尔特方格法/127

目录来自《优秀孩子必备的9种思维10种能力》

这个目录（上图）来自《优秀孩子必备的9种思维10种能力》，这本书看上去好像是给小朋友看的，但实际这10种学习能力对成年人也非常重要。如果读者是已经有了孩子的人，可以尝试去拆解这本书，把这本书变成一节课，也可以针对其中的内容挑一部分，比如每种能力的分析都可以单独变成一节课、变成单独一个主题去研究，这样一来就有很多节课可以和孩子分享了。

深度阅读

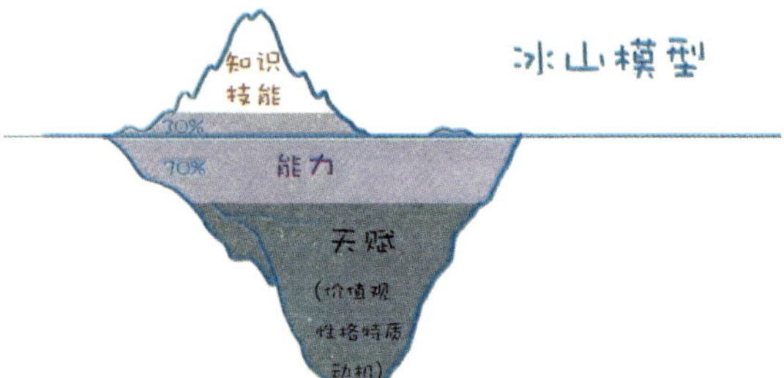

图片来自公众号：圈外

当完成一个话题的主题阅读之后，可以继续针对该主题里的核心概念进行深度阅读，也就是像冰山一样，除了给别人展现表面的内容之外，还需要分析深层次的内容，这就需要深度阅读去挖掘背后的理论框架，生活中有哪些案例，可以通过案例让大家现场进行练习。

这个时候就要去挖掘——如何行动与应用，要把深度阅读的方法用起来，把一个概念和生活应用尽可能连接，这样才能把一个概念讲得透彻。

《包包流浪记》的作者火星爷爷有一招儿特别厉害，他每节课只讲3个知识点，针对每个知识点他会用10～15个案例来分析，然后让学员反复地练习和操作。即使学员学到的干货内容不多，但是对于知识点的掌握和应用非常熟练。

我希望读者在看了《洋葱阅读法》之后，就可以少听“是什么”和“如何做”的微课了，除非是那些顶级大神讲授的课程。其他课程参考一下即可，或者学习一下讲课人的讲授方式就可以了，不用再花费大量的时间从头听到尾。因为如果你知道了他要讲什么概念，你可以通过洋葱阅读的方法快速地理解这些概念，可能只需要花你一两个小时，但绝对比你听一个系列课程要快，效果也要好很多。

这也是我现在的状态，如果遇到一个我感兴趣的课程，我会去看一下课程的大纲，浏览后思考一下我能不能讲出来，如果我都能讲，那么基本上就不会再去看了。但如果发现大纲里面有一些概念我不太会讲，我还是会去听一下讲课人是如何进行解释的。

我们也可以反复地应用大量的案例告诉读者，了解了讲课人的操作方式之后，要活学活用，结合生活中的场景和事例去理解和解释其中所讲述的核心概念，这些都是在讲解深度阅读的时候特别强调的内容。

还记得我们记忆的基本原理吗？要想让一件事情记忆深刻，在大脑中反复调取就是很好的方式。

用户思维：用户的痛苦和你的价值

最后，不要只是以书本为中心，而是要更多地考虑受众的需求，了解用户的痛苦，以及我们的分享和课程能给用户提供什么样的内容，对于用户来说有什么价值。这个是“一本书变成一堂课”最重要的部分，要以用户为中心，而不是以自己为中心。

最后一步，我想回答一个问题：我们要给别人分享的内容是我们喜欢的，还是读者喜欢的？

我的观点是不要只是以书本为中心，而是以用户为中心。你要更多地考虑受众的需求，了解用户的痛苦，以及我们的分享和课程能给用户提供什么样的内容，对于用户来说有什么价值。

《用户思维+》这本书说，用户不关心你的内容，他们关心的是你的分享会不会让他变得更好。

“一本书变成一堂课”最重要的部分，要以用户为中心，而不是以自己为中心。那我们怎么保证自己分享的内容一定是以用户为中心的呢？

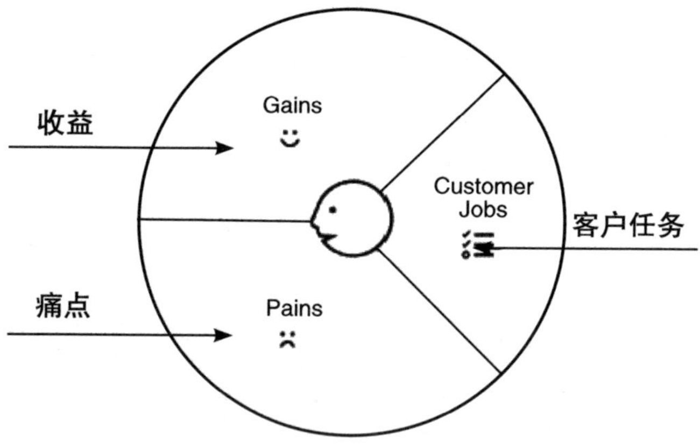

在商业领域有一个价值主张的概念，它包含了3个S：

第一个S是Jobs，指的是用户平常做的工作、日常活动有哪些；

第二个S是Pains，指的是用户在做这些事情的时候，感觉到有哪些阻碍；

第三个S是Gains，就是用户希望获得什么样的体验，希望在哪方面得到提升。

在学习了《洋葱阅读法》之后，如果你想开一个读书会，想做一次阅读的分享，就要问自己：

Jobs：听众平时什么时候会想读书；

Pains：在他们读书的时候会有什么样的痛苦和困难；

Gains：在读书的过程中他们想得到什么，是想读得快一点还是多一点，抑或记得多一点，还是单纯地为了想通过考试？

把握住了用户的"3S"，再去制订产品和服务就很容易了。如果某本书里没有解决方案，就要通过快速阅读、主题阅读的方法从其他书中把答案找出来；要把方法、表格和工具作为产品在课程里呈现出来；最后要告诉用户，上完这节课会得到什么样的收益，可以解决什么样的问题。只有内容清晰明了，用户才能一下就理解这节课的内容。

准备做一节微课的时候，也可以先问自己这几个问题：用户的"3S"是什么，针对这个特定的3S我们可以提供什么。把这几个问题想清楚后，写一篇简单的文案或者一个招募帖，告诉用户这堂课的内容以及要解决的问题。只有内容清晰明了，别人看你分享的招募帖时，才能一下就明白这节课的内容，主讲人了解痛苦，也能解决痛苦，这堂课才有价值。

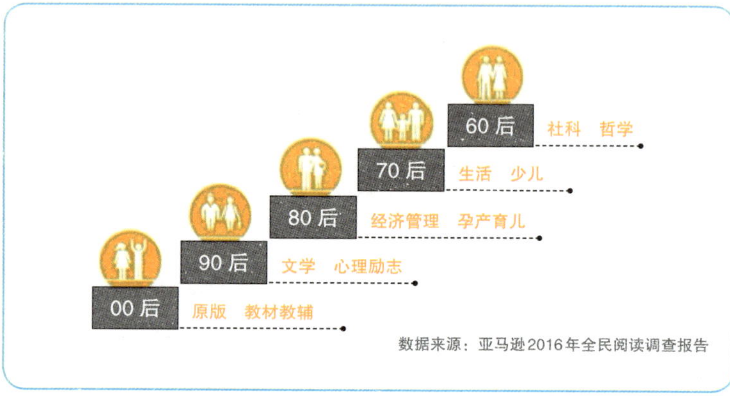

现在市面上有很多资料可以帮助我们更多地了解用户。只要输入**用户画像、用户数据、用户调查**之类的关键词，就能找到大量相关信息。比如，00后关心什么？90后关心什么？80后关心什么……在网上有大量经过调查问卷产生的数据报告，这些数据都是免费放在网上，可以很轻易地获取到。一旦确定了用户，就要为用户制订合理的内容。我身边的朋友都是90后，那这时做的分享的内容就要尽量以90后喜欢的或者关注的为主。

通过碎片阅读、快速阅读、主题阅读、深度阅读，我们可以把一本书完美地变成一堂课。

阅读高手的进阶之路

把一本书变成一节微课的步骤比较简单明确，就是把所有的阅读方法串联起来。但是串联这个工作还是需要有很强的功力。如果想要成为阅读高手，需要做什么练习呢？

养成阅读习惯

成为阅读高手首先要养成阅读的习惯。如前文所述，要把一本书放到包里，每天阅读一点点，让自己慢慢对阅读这件事情不再抗拒，从这个微习惯开始养成阅读的习惯。

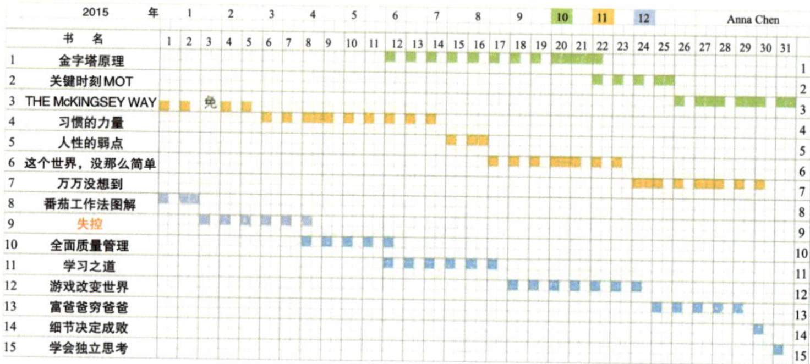

上图是一张甘特图，就是用Excel做的一张表格，左侧是书名，表头是日期，如果哪天读了半个小时，就在格子里涂上颜色。这张图是我之前的一个学员在10月、11月、12月三个月的阅读状态。如图所示，习惯每天阅读之后，阅读速度就会越来越规律，因为我们已经习惯了自己的阅读状态。读书慢的原因是进入状态慢，要费很大工夫才能进入全神贯注学习的状态。但是如果每天都做同样的事，很快就能进入学习状态，速度也会越来越快，越来越专注，也越来越容易接受阅读这件事。例如当我练习主题阅读的时候，我几乎把当时工作和生活中能利用的时间和精力都做了主题阅读的练习。

我第一次做主题阅读的时候，是对“阅读”这个话题进行主题阅读。我罗列了阅读有哪些方法、为什么记录这些内容……当我把一张纸贴在自己的书桌前的时候，每天读完一本书，或者读了半个小时就记一个小格子，实际上这就是一个刺激或者奖励，有助于我们形成习惯回路。坚持一个月以后我觉得特别有成就感，而且每天读完半小时立马涂一个小格子。

在学会所有的阅读方法之后，接下来的时间就需要去做大量的练习了。作业只是在听完课之后进行一次练习，很多时候要自己驱动自己去学习，很多时候没有人点评也得不到反馈，但是依然要去坚持。

我们在学习阅读方法的时候，需要不断地做刻意练习。假如已经习惯了快速阅读，这时要挑战一些稍难的书，挑战一些比较生涩的书。要学会分配固定的时间在阅读上，每天早中晚要挑一个固定的时间阅读。

睡完午觉起来之后的一个小时是我每天固定的阅读时间。我现在找到一个很好的方式——早读会，我每天都把阅读的内容分享给朋友们，同时跟大家进行探讨，还会做总结，这样就相当于把一本书一节课变成了每天都做的一件事情。

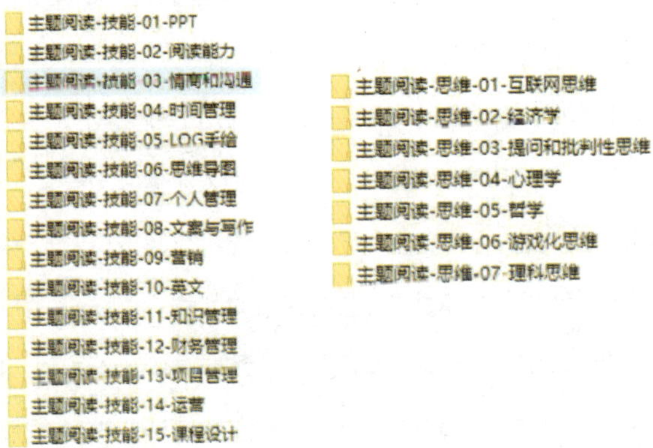

我记得最开始的时候，我用的是“拆书帮”的方法。上图是2015年我把一本书拆成一节微课的记录。拆书帮的方法很好，可以把一本书拆成一节微课甚至几节微课。在过程中，要去拆解一个片段，要去讲述一些可行的概念，需要准备很多资料，它就像一次完整的培训一样。

做一次分享或者是做一节课，不是随随便便拍脑袋去讲，而是要提前做很多准备。比如，讲的内容流程和时长、需要发哪些材料、如何记录……只有准备好这些内容，分享的时候才不至于慌乱。

当时我每周末都会用一天的时间去参加这样的活动，跟朋友们拆半天的书，我从镇江赶到苏州去拆书，大概坚持了一年的时间。

我现在特别支持大家做线下读书会，读书会不一定要赚钱。一个大家一起读书的活动，每个人分享自己的读书内容，像小讲师一样为大家讲解15分钟或者30分钟，搞懂书上的几个概念，带大家一同练习应用。

如果有的读者朋友所在的城市不方便去参加这种活动，也可以尝试着去做另外一种形式的拆书。

利用我们的九宫格笔记可以把某本书拆成9个格子，也就是说至少要拆出9个概念，从中挑选3～5个去跟别人讲解和分享。

如前文讲的内容，这样的拆解之后你还可以写成文章分享到网上，这就是一篇很有结构性，对别人也很有用的文章。

有的读者不知道该拆解什么书。

举个例子，相信很多职场人士都想知道在职场应该具备哪些能力。每个技能都有针对性地提供一些书籍，这就是一个很好的主题阅读的书单。我当时就是把书单里所有能找到的书籍全部找来，挨个儿进行主题阅读。

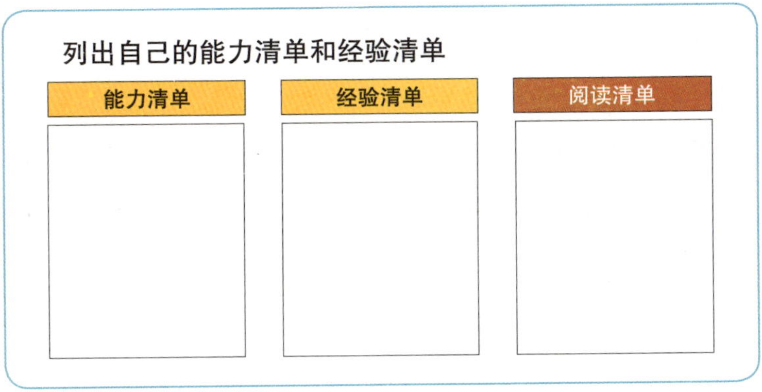

不知道要读什么书的时候，可以尝试着给自己列清单。把你现在具备的能力列下来，把之前做过的分享、拥有的经验也列出来，然后问自己这些能力中哪些需要进步，经验中有哪些没有形成体系。例如我当时做程序员，同时也做了很多项目管理工作，但是让我去讲一个项目管理的课我讲不出来，这时我可以去列一个跟项目管理相关的书单。

在做读书会的过程中，非常重要的一点是**反馈**。每次分享之后，都要去收集反馈。不要冷冰冰地去询问大家有什么意见，这个时候大家一般都不会提，你可以试着让大家写苹果和洋葱，洋葱阅读也就是这个时候确定了名称。苹果和洋葱指的是让参与读书会的朋友们写两张便条，一张苹果，一张洋葱，苹果代表甜，也就是那些大家觉得我们表现好的地方；如果觉得有需要改进的地方，写在洋葱便条上。在结束之后收集反馈，持续改进，是一件非常重要的事情，切记切记。

我的阅读进化

经过前面的学习和积累，我最后分享一下我自己如何把阅读用到工作中，如何通过阅读实现变现——赚钱。很多读者所在的公司每年都会安排不同内容的培训，这些培训都是常规式的。除这些培训之外，阅读是一个非常好的自我培训的过程，你当前从事的岗位需要哪些技能就去学习。

很久之前我觉得项目管理是我的弱项，但是公司没有组织项目管理PMP的培训，于是我开始自学，之后再教给团队，边学边教，还做PPT给团队成员讲解。

后来做了部门主管，发现做绩效是一件很痛苦的事情，如何让大家很开心地把绩效完成，我头都快要炸了。

于是我看了很多书，学习关于绩效考核的知识：做绩效的目的，为什么现在的绩效考核都变成了走形式，如何把绩效考核做好，如何让大家很开心地能完成绩效。

比如读完《看板》，我在自己部门也立了一张大的白板，用来呈现团队的项目进度和任务分配，团队每个人现在在做什么、接下来要做什么、进度如何一目了然。

比如，我们在读完《重新定义团队》《重新定义公司》《重新定义管理》那个系列的书之后，我才知道作为团队领导者要关注的是团队成员的成长，而不是只给他们打分和奖励。

有了工作中的自我培训经历之后，接下来可以尝试着去培训别人了。通过阅读使我在工作中如鱼得水，我就想既然能培训自己、能培训同事，是不是也能培训其他人？这个时候就从原来的读书会，变成了一个培训的过程。

我第一次参加这种培训活动的时候，读了一本书叫作《高效能人士的七个习惯》，有了这种企业培训的经验后，慢慢地又接了一些其他的活儿。

读者如果自己做读书会可以使用上图，这种陪伴式的阅读效果非常好，适合人数不是很多如五十个人以内的小群，用一百天陪伴的方式，跟大家一起打卡阅读。

当时我们规定，蛮荒时代是养成阅读习惯的阶段；农业时代是分析阅读，让参与者能够保持一周至少读完一本书；工业时代是教给参与者快速阅读的方法，能够达到一天读一本书的速度；信息时代是学习主题阅读，学会集中解决问题。这些事情都是在下班之后完成的。

有了前面的这些积累之后，我在2017年年初成立了“梦想早读会”，早读会的内容是把一本书拆成五节课，每节课半个小时，每天早上六点半开始阅读。之所以选择早晨这个时间，是因为晚上的读书类节目太多了，跟我一样早起的比较少，反正我早上也要读书，所以就成立了梦想早读会。

讲课要通过服务来赚钱，而不是说开个训练营就能赚到钱。梦想早读会到现在已经坚持了一年的时间，每天早上六点半直播坚持了365天，已经拆解了大约40本书，介绍了将近50本书，打卡100本书的小目标也已经实现。

既然学会了洋葱阅读，如果觉得自己读的书足够多，大家也可以尝试着把这些内容分享给别人，读书给别人听，做别人的小书童。

我强烈建议你收费。因为你在付出你的时间和精力，你要让市场来检验你的劳动成果。

读完一本书可以学到的东西真的很多，可以像我一样拆成领读，也可以像拆书帮一样拆成一个个的片段去读，可以写导读、书评，甚至做一期音频节目……有很多方式都可以去做，只是有的方式没有金钱收益，但是可以带来流量，有的可以有直接的金钱收益，这些完全看自己的选择。

在这种不断学习的过程中，我们要建立好自己的图书馆，尽可能多收集上图这样的卡片，收集的越多理解的就越多，意味着今后能够快速调取的卡片也就越多。

阅读之后的个人品牌战略

通过阅读，可以帮助你在某一个知识领域建立自己的知识体系，你可以帮助更多人，进而可以建立自己的个人品牌，如时间管理，阅读，写作，手绘，美食，健身，热情导师，心理咨询，职业顾问……

做这些阅读之后的延伸活动时，需要考虑如下战略：

· 稻草战略

· 冠军战略

· 抽签盒战略

稻草战略

先讲一个用别针换别墅一年居住权的故事：一个男孩用一个别针换了一枚纽扣，用纽扣又换了一把小刀，用小刀又换了别的东西……一样一样不停地换下去，最后换到了一幢别墅一年的居住权。

很多人都想不明白阅读能做什么，觉得自己当前的能力还不够。

但是故事里的小男孩用别针都可以换来别墅的居住权，我们没有别针，总有一根救命稻草吧？好比当下只有一点时间，也可以拿来换别的东西。

很多读者朋友说赚钱很难，其实是你的思维限制了你，你觉得难，是因为你在行动之前的想象打垮了你。靠阅读赚钱听上去很遥远，那我们在最开始的时候先不要考虑赚钱，先可以通过利用自己的一点点优势去帮助别人，通过这种方式慢慢地去换取我们想要的东西，这样总可以吧？

不要等到自己非常厉害了再开始行动，而是要马上就开始去做，有多大力气就做多少事。假如现在没有能力做一场微课，可以先把自己阅读的内容发到微博、朋友圈以建立自己的影响力。

2014年的时候，我在微博上每天发自己的读书笔记，慢慢地就有人发现了我的内容，慢慢地依靠每天发的读书感想、思维导图、知识卡片积累了众多的读者。

像莱特兄弟造飞机一样，他们不是一下子就发明了飞机，而是从一个大风筝开始，先让风筝能飞起来，慢慢改进，最后造成飞机。在做读书会、做自己的读书的延伸产品、做个人品牌时也是如此。

不管多大的目标，只要你试着去拆解，都会变成一个一个具体的可以实现的小目标。

所以重要的是分析过程中到底有哪些环节、有哪些东西需要我们去准备，对一个任务进行细致的拆分，然后我们会发现就算是一件天方夜谭的事情也有实现的可能。

接下来就可以慢慢地去做“一级代理商”。我们现在读到的很多微信公众号文章或者书，都是二手甚至三手的内容，其中很多内容来自专业书，然后加上了作者自己的解释。但是这些解释并不权威，如果你能掌握第一手资料，在专业程度上就超过了大部分的竞争者。

所以要不断地往上游走，找到源头，成为源头的代理商。

只有站在知识的源头，分享给别人的东西才是最新的。大家都学会了快速阅读、主题阅读等，大家的阅读量会在短时间里快速地提升，这样就会面临一个问题：你分享给别人的知识可能早就被分享过了，这个时候你讲的东西越靠近源头就越能吸引人，也就是信息的不对称。一旦你掌握的信息多于别人，就意味着别人愿意为我们的知识埋单。

冠军战略

大家做的同样都是读书会，为什么受众会选择我们？比如“何帆读书会”“十点读书会”“剽悍一只猫免费的剽悍晨读”都是我们强有力的竞争者，如何在这么多的读书会中脱颖而出？

如果与大多数人做的是同一件事情，只有成为冠军才能找到自己的通路，而且要成为一个细分领域的冠军。“悠贝亲子图书馆”是国内只针对“宝妈”这类人群的读书会，就是一个很成功的例子。

人的大脑中，可能记不住排名第二第三的，但是第一是谁一定记得住，所以越能够清晰地告诉别人“我是某个领域的第一”越容易被人记住。

抽签盒战略

抽签盒战略也是尝试战略。很多读者不知道自己适合干什么、有什么天赋，这时就要多尝试，要多读一些杂书或者是之前不可能接触的书。

最近我的编辑朋友给我寄了几本书，其中有一本是《小顾聊绘画》。“顾爷”出了《小顾聊绘画》《小顾聊神话》等，在这些书出现之前，大家都觉得艺术很难，顾爷把它变得简单化，大大提升了艺术的普及程度。

稻草战略是以小搏大，一点一点去换；冠军战略是尽可能在一个细分领域突围成为第一人；抽签盒战略是不要怕失败，多做尝试，找寻自己擅长的领域和自己的天赋所在。

2015年11月1日那天，我拆了一本叫作《游戏化思维》的书，拆完之后我很感慨，原来生活还可以这样去玩儿。所以现在在做洋葱阅读的时候，就是一个游戏化的设计，两年前的故事，如今变成了现实。

很多时候，读一些书当时会觉得没有用，但是没有关系，只要觉得喜欢、觉得好奇就可以了，因为总有一天你会发现它的价值。

应用

有了这三个战略，最后要做的就是去模仿——应用，看看别人是如何成功的。有一本书叫《模仿的技术》，讲的是关于模仿的内容。

我们可以从中学习模仿的方式，除了我们可以看到的比如说产品、服务，还有背后的策划、运营、团队等。

还有一本书叫作《打造用户最喜欢的产品》，我们可以从中学习到一些产品的思维，这些对于学习过洋葱阅读法的读者来说都不是特别难的事情。

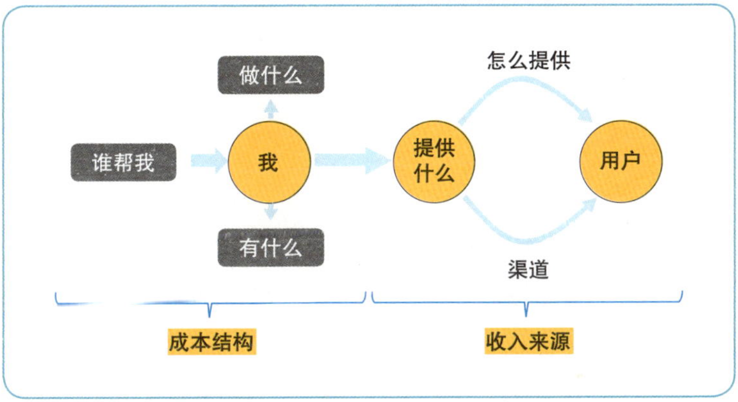

阅读是一件不可思议的事情，最初的目的可能只是搞清楚一个概念，可能只是把它当作一本书来对待。掌握了阅读方法之后，可以把一本书变得非常有意思，可以把一本书用在很多地方，创造更多的价值。结合自己的经历，一本书可以帮助很多人。

最后回到关于**阅读的目的是赚钱、是帮助别人，还是实现自我价值**这个问题。

我想用一个故事来回答：

有一位记者去采访三位泥瓦匠，三位泥瓦匠都在忙着建一座教堂。

记者问第一个泥瓦匠在做什么，第一个泥瓦匠说："你没看到我在忙着吗，没空搭理你。"

记者问第二个泥瓦匠，第二个泥瓦匠说："我们在建一座教堂，这座教堂很大，大概有几层高，有很大面积，但我现在很忙先不聊了。"

记者问第三个泥瓦匠，第三个泥瓦匠说："我们在建上帝的屋子。当这座教堂建成之后，我会带着我的儿子来，可以很自豪地跟他说，看！这是你老爸建造的。"

在生活当中你是哪种人？

是为了生计奔波，只是把它当作谋生的手段？

还是把它当作工作？

还是把它当作光荣和梦想？

做洋葱阅读的时候，有一句话一直在我脑海里萦绕：这个世界曾经帮助过我的，我将同样帮助这个世界。无论是选择哪种方式都没有错，但在做这些选择的时候我们不要忘了问问自己，这个选择是不是我们真正喜欢的。

找到初心，非常重要。

洋葱岛第七关攻略回顾

我们回顾一下黄金海盗团给了我们什么样的启发：

首先，我们知道了终身学习的时代已经来临，越来越多的人可以依靠互联网的工具和平台，基于自己的专业，给别人提供产品和服务。

其次，如何把一本书变成一节课，我们要学会综合应用我们学过的快速阅读、主题阅读和深度阅读，将一些工具类和方法类的书籍结合自己的专业知识，变成可以教给更多人的微课。

再次，我们讲到了阅读的高手进阶之路，我们讲了如何将阅读这件事情持续下去，变成我们的动力和能力。

最后，我们讲到了三种个人品牌战略：稻草战略、冠军战略和抽签盒战略。没有人会告诉你可以做什么，应该做什么，只有自己去读天下书，走万里路，你才有机会知道答案。

作业

制订你的100天阅读计划

（确定主题和书单）

告诉黄金海盗团你的决心

我们最后一枚勋章就是黄金海盗团团长的勋章了，想得到他的勋章，需要你去花一点时间，制订自己的一百天阅读计划，确定自己的阅读主题和书单，然后开始行动，我们的征途是星辰和大海，我在路上等着你！

正面管教
管教？
尊重
权威
传统
赢得合作
表达同情
行为
权力
报复
归属
自暴自弃
肯定进步
过度关注
鼓励
拥抱
简单
时机
找办法（四步骤）
错误=学习机会

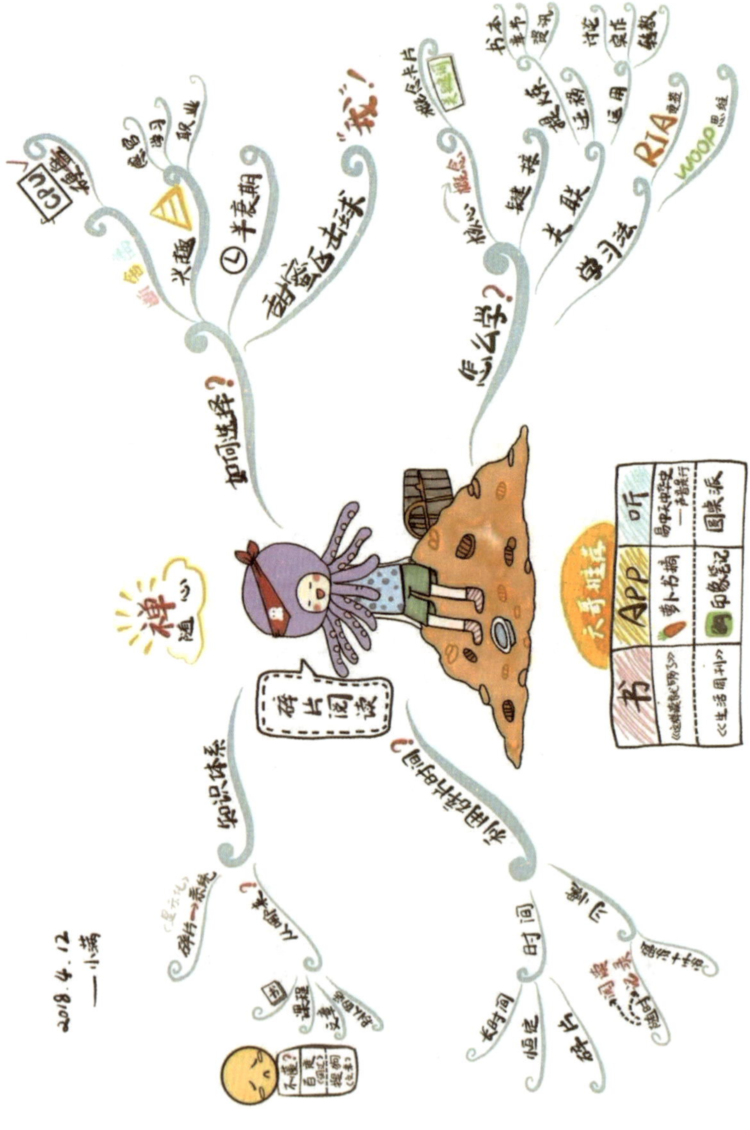
碎片阅读
如何选择?
怎么学?
知识体系
2018.4.12
—小满

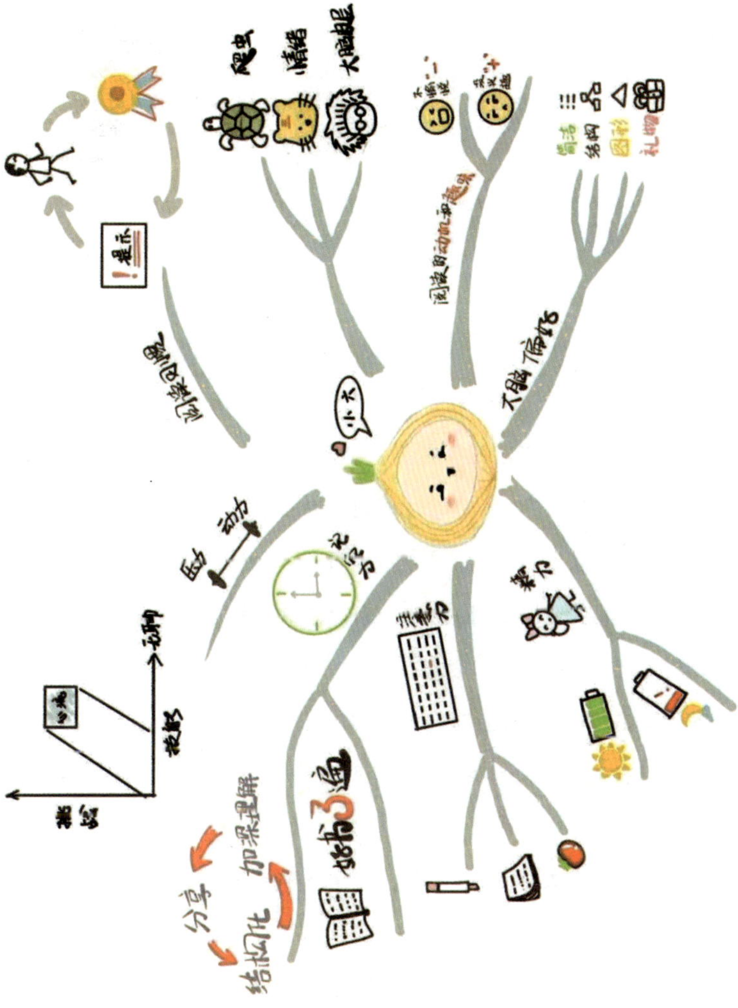

洋葱岛让我与阅读“重遇”

微博@苏珊娜_SueSu

（洋葱阅读法学员）

小时候，妈妈为我办了人生中第一张图书借读证，那时候一次只能借三本书。每到周末我就兴冲冲地去图书馆读书，读个一两个小时再借书回家。

后来长大了些，少儿图书馆再也不能满足我的需求了，爸爸便和我一起到另外一家比较大的图书馆“续费”。还记得那时候，爸爸用自行车载着我一起去探索阅读的趣味，一起在知识的海洋里遨游。后来，图书馆拆迁了，爸爸的身体也一天不如一天，这些时光一去不复返。

再后来，因考试升学，试卷课本练习册代替了图书，我也就中止了借书阅读的习惯。去图书馆也是为了能够在安静的环境下与同学一起做题。即便在大学时代的图书馆，桌上都是各种考证的练习册，每次早早来到图书馆占位，也是为了做题。此时，阅读早已被自己抛诸脑后，渐渐成了儿时的记忆。

步入职场，虽然偶尔还会买书来看，但很多时候看了几页，然后——就没然后了。尽管把书看完了，一个星期、一个月过后，再回想时只能记得大概意思，很多触动人心的深刻句子都忘记了。

阅读，只能变成无聊时候的消遣，但无聊的时候，宁愿逛街、与朋友聊天都不会选择阅读。渐渐地，“读书无用论”不知不觉地扎根在自己的潜意识里，阅读，也离我越来越远。

直到有一天，“洋葱阅读”这四个字引起了我的注意。这个以“海盗”为主题的阅读方法究竟是什么样的？真的能够提高系统的阅读能力吗？然后，带着兴趣与好奇心，我加入了这个为期一个月的阅读课。

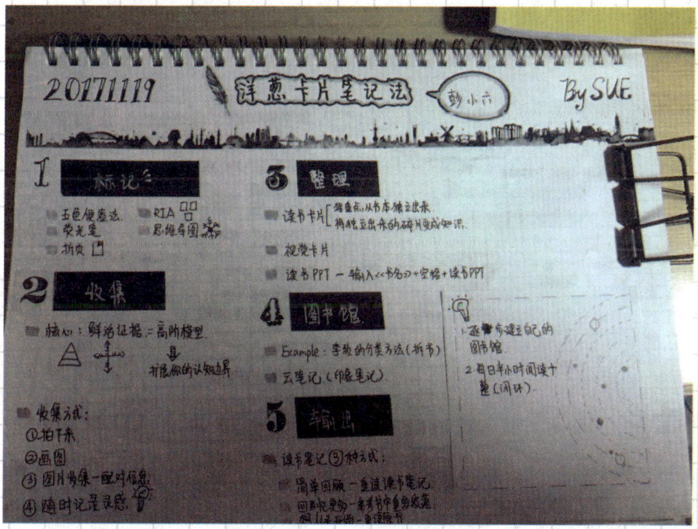

不得不说的是，这个课程的一大特色是小六老师用游戏化的思维

带着我们去阅读，从碎片阅读、快速阅读、主题阅读再到深度阅读，每章的学习就像一段自己变身成一名海盗，探索各种阅读岛，拜见各位阅读“大侠”的神奇旅程。

在旅程中会遇到各种问题，带着这些问题不断“打怪升级”，从而掌握阅读的方法，领悟到阅读的意义。

在每章的学习中，我都试着用视觉化笔记来呈现课程的内容，本来有一点点画画功底的我，由此再次喜欢上手绘和手账。

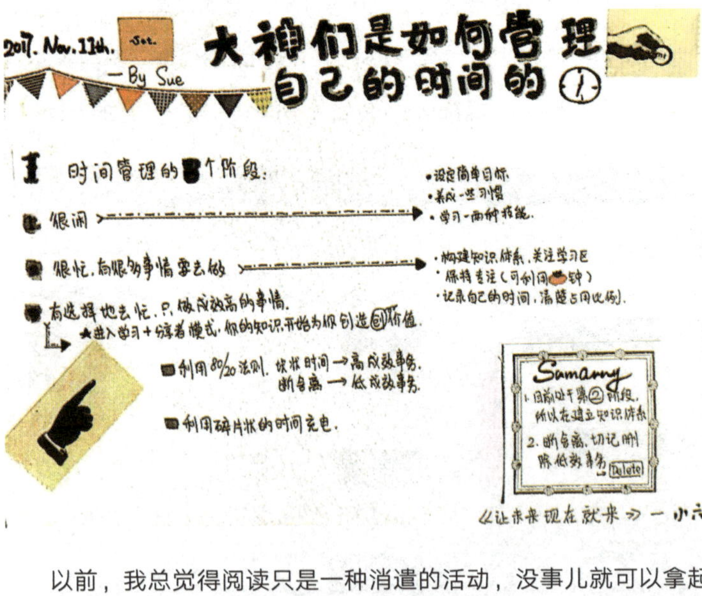

以前，我总觉得阅读只是一种消遣的活动，没事儿就可以拿起一本书悠闲地读，优点是可以享受阅读带来的宁静甚至是因阅读形成心流带来的幸福感；缺点是读过的内容会很容易被我们遗忘得一干二净。

现在，我会觉得阅读所带来的价值不仅于此。阅读是一种修行、是自己与作者的隔空对话、是畅游书海时的灵魂交换……书本是我们的导师，更是我们的灵魂发掘师。在享受阅读带来的知识盛宴的同时，我们更要化为己用。

此时，我与失散已久的阅读重遇了，虽然重遇在这个知识焦虑、知识大爆炸的年代，但“不忘初心，方得始终”的信念一直都在。

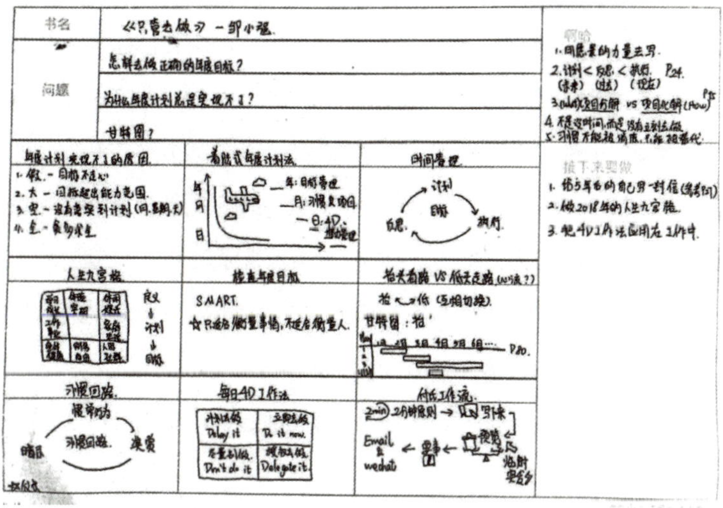

所以，如何将阅读所带来的能量最大化，不断在生活上“打怪升级”呢？除了方法论，以下是我的三点感悟：

1.知道自己要阅读什么

最近很多朋友让我推荐一下书、列个书单，我就会问他们想读什么内容的书。他们的回答是：“你觉得好都可以推荐呀！”

其实，这里有点像买护肤品，我觉得对我来说好的护肤品其他人并不一定觉得好，而且每个人的肤质都不一样。

最重要的是，你知道自己最需要看哪些书吗？你知道最需要补给哪些知识吗？带着导航仪在知识的海洋里航行，永远不会迷失。

2. 知道自己为什么要阅读

还有些朋友问我："读这么多书有用吗？""不会觉得累吗？"

这里就涉及一个词叫"心流"。心流指我们在做某些事情时，那种全神贯注、投入忘我的状态。这种状态下，我们甚至感觉不到时间的存在，在这件事情完成之后我们会有一种充满正能量并且非常满足的感受。心流甚至是人们幸福与否的一种衡量指标。

回想起自己阅读时的状态，那确实是处在心流中，除非读的那本书对自己一点吸引力都没有。

然后带着问题去阅读，能够更有效率地搜索书本上对自己有用的信息。

对于阅读，我们要有一颗"功利"的心。阅读，就像去游乐场，当你知道在有限的时间内不能完成所有的游戏项目时，你就会有目的地选择你喜欢的。

3. 知道怎样化为己用

"学以致用"已成为日常中的口头禅，但实际上我们真的在执行吗？你读完一本书后，会怎样对待它，是放回书架上、送人，还是拿去卖了？

真正的做法是把它的价值发挥到最大，化为己用，再把知识点分享出去。那怎么把书中的内容付诸行动呢？大家可以参考以下步骤：

①看完书的“封目序尾”，写下三个问题，然后带着这些问题进行阅读。

②阅读完后，回答这三个问题，并给自己写下接下来要完成的行动目标。

③分析目标与现实的差距，需要做哪些努力，把它们细化到最小行动。

④行动过程中不断修改自己的“MVP”（Minimum Viable Product）——最小化可行性产品。即使是一小步，但每步都算数。

是的，　路以来总觉得阅读是自己一位失散多年的童年玩伴，可他一直都在，一直在自己的身边，伴随着自己成长。现在，每当与他畅聊，总能沉浸其中，忘记时间……

图书在版编目（CIP）数据

洋葱阅读法 / 彭小六著. — 北京 : 北京联合出版公司, 2018.6

ISBN 978-7-5596-2204-4

Ⅰ. ①洋… Ⅱ. ①彭… Ⅲ. ①读书方法—通俗读物 Ⅳ. ①G792-49

中国版本图书馆CIP数据核字（2018）第103277号

洋葱阅读法

著　　者：彭小六
责任编辑：管　文
产品经理：侯梦婷
特约编辑：王云欢
版式设计：沐希设计

北京联合出版公司出版
（北京市西城区德外大街83号楼9层　100088）
北京市鑫海达印刷有限公司印刷　新华书店经销
字数：165千字　880mm × 1230mm　1/32　印张：8
2018年6月第1版　2018年6月第1次印刷
ISBN 978-7-5596-2204-4
定价：48.00元